JN236068

たった 2 つ直せば——
日本人英語で大丈夫

村上 雅人 著

たった2つ直せば——
日本人英語で大丈夫

☆

海鳴社

まえがき

 日本人英語の発音の悪さは世界的な評判になっている。これだけ、多くのひとが英会話のテープや本を勉強しても、いっこうに改善される気配はない。

 それでは、何が問題なのであろうか。実は、答えは簡単で、「アクセントの位置」と「あいまい母音の発音」の2つを治せばよいのである。

 ひとつ例を出そう。日本人の名前をアメリカ人が発音すると変に聞こえるであろう。ただし、多くのひとは何が変なのかが分からない。例えば、大リーガーの佐々木の名前を、アメリカのアナウンサーが発音すると、日本人には変に聞こえる。裏を返せば、本家本元にもかかわらず、日本人の「ささき」という発音は native speaker には変に聞こえるのである。

 Sasaki という名前を発音する場合、アメリカでは Sa-sa-ki の2音節目にアクセントを置き、その発音は cat の a の音と同じになる。また、アクセントのつかない母音は、ほとんどが「あいまい母音」になる。あまり認識されていないが、この「あいまい母音」の音は「ウ」に

近いのである。よって、Sasaki は発音記号で書くと[səsǽki]となり、ローマ字で書けば「ㇲサァキ」となる。場合によっては、最後の-ki さえあいまい母音になって「ㇲサァク」と聞こえる。

この強弱とあいまい母音が英語の特徴である。わたしの名前は「まさと」であるが、アメリカの友人は決まって Ma-sa-to を[məsǽtou]と発音する。ローマ字で書けば「ムサァトゥ」となる。このアクセントとあいまい母音の2つがポイントである。

もちろん、この2つで事足れりとは言わないが、この2つに焦点をしぼり直していけば、日本人式発音が飛躍的に改善されることは請け合える。この事実には、前から気づいていたのであるが、そのうち誰かが指摘するだろうと思っていた。ところが、いまだに改善される気配がないため、意を決して本書をまとめ、学生達に見せたところ、けっこう評判がよかった。

そこで海鳴社の辻信行氏に相談したところ、出版を快く引き受けてくれた（酒の勢いだったかも）。また、本書の校正などで超電導工学研究所の小林忍さん、深井尋史氏、河野猛氏にお世話になった。謝意を表する。

平成14年6月

著　者

もくじ

まえがき ………………………………… *5*

はじめに ………………………………… *9*

――――第Ⅰ部――――

第1章 日本人はなぜ英語が下手か？ ………… *20*
  1.1 日本人は本当に英語が不得意か 20
  1.2 国際化が進んでいる（？）研究分野の英語
     のレベル 22
  1.3 英会話学校の功罪 24
  1.4 日本の学校教育 26
  1.5 英語習得のコツ 29

第2章 英語の発音はアクセントが命 ………… *33*
  2.1 ある日本人の失敗 33
  2.2 なぜA教授の英語は通じなかったか？ 37
  2.3 外来語の氾濫 39
  2.4 ローマ字の弊害 41
  2.5 英語はアクセントが命 43
  付録2-1 47
  付録2-2 49

第3章 あいまい母音を征服
      ――condition と kundision ………… *54*
  3.1 あいまい母音とは 54

3.2　Kundision って何？　55
　　　3.3　ローマ字読みの弊害　59
　　　3.4　あいまい母音の正体　63
　　　3.5　自分の耳に素直になれ　66
　　　付録3-1　67
第4章　東洋人の敵（ l と r の区別）············ *71*
　　　4.1　日本人には区別が難しい
　　　　　 l と r の聞き取り　71
　　　4.2　日本人は生まれつき
　　　　　 l と r の区別がつかないのか？　73
　　　4.3　どうすればl と r は区別できるか？　75
　　　4.4　その他の注意すべき発音　77
第5章　英語の固有名詞················ *81*
　　　5.1　日本人がつまずく英語発音　81
　　　5.2　ある日本人旅行者の失敗　82
　　　5.3　意外と多い固有名詞の発音違い　84
　　　5.4　うまく発音できない名詞　86
　　　付表5-1　日本人が違う地名の発音　87
　　　5.5　日本人が間違う人名の発音　90
　　　付表5-2　日本人が間違う人名の発音　92

おわりに················ *97*

――――第Ⅱ部――――

外国人に通じない和製英単語················ *104*

はじめに

　体の不調を訴えて病院に駆け込んだ。医者は体の症状をていねいに診断をして、ここが悪い、あそこが悪いと教えてくれた。自分の健康管理を反省しながら、医者に相談して良かったと胸をなでおろす。体が悪いと自覚はしていたが、どこがどう悪いかは自分では診断できないからだ。

　そこで、思い切って健康になるにはどうしたら良いでしょうかと聞いてみた。

> あなたの英語は重症です。
> 十分摂生してください。

わたしは
どうすれば良いの？

肺活量が足りない
のかな？

すると、とにかく頑張りなさいと言われる。根本治療には、生活様式をすべて変えなければだめとも助言された。しかし、そう言われても**具体的にどう変えたら良いかの指示がない**。とまどいを覚えながら、あまりしつこく聞くのは失礼と思い、遠慮して退散してしまった。

このままでは、自分の健康を回復する手段が分からないと心配し、友人の紹介で、(高い金をはらって) 名医との誉れが高い大先生に相談することにした。すると、聞いたこともないような専門用語が飛び出してきて、とにかく自分の体はそうとう悪いということだけは理解できた。ところが、健康になるにはどうしたら良いかと相談しても、困ったことに、どうすれば健康になるのかを教えてくれない。

仕方なく、いくつかの病院をまわるが、どこに行っても具体的な処方せんがもらえない。そのうち、自分の健康はもうだめだとあきらめてしまう。

多くの日本人が英会話を習う時に直面している問題がここに集約されている。自分の英語がだめだという診断をうけても、具体的に、それをどう矯正したらよいか誰も教えてくれないのである。

書店で見つけた英語教育のベストセラー (best seller) という小冊子を読んで驚いた。あらましはこうである。

日本をはじめて訪れた native speaker が、ある女子大の

はじめに

You don't understand what I am saying?

native

> どうしよう。何言ってるのか分からないし、通じないわ！ せっかく六年ものあいだ英語を習ってきたのに！

英文科の女子学生

英文科の招きをうけて、学生と英会話を行った。ところが、日本の女子学生の発する英語がまったく分からない。何人かと話して、全員の英語の発音がデタラメなことを知って、この native speaker は愕然とする。日本の英語教育はどうなっているのかと。一方、自分の英語が通じなかった女子学生もショックをうける。六年以上も英語を習ってきて、簡単な単語も通じない。私の六年の努力は何であったのかと。

この native speaker は、その後日本人向けの英語の解説書を書いた。冒頭で、まず日本の英語教育は全く無駄であると指弾する。何しろ、native に通じない英語を教えているのであるから誰も抗弁できない。多くの日本人も、彼に同調する。日本の教育はやはりだめだと。そして、その本はいつしかベストセラーになった。

この本を読んだ多くの日本人から、日本の英語教育がいかにだめかということをはじめて認識したという感謝の手紙が届く。本の帯にそう書いてある。

この先生は、面白い指摘もしている。日本人にも英語が堪能なひとが居るというのだ。ただし、これらの人は苦労して、**独学で英語をマスターした**と指摘する。

それでは、**日本の英語教育をうけてきた大多数の日本人**はどうすればよいのか。そう疑問に思ったら、結論として、**日本の学校で習った英語はすべて忘れなさい**という過激なアドバイス (advice) をしている。日本人が編さ

はじめに

んした英語の辞書も読むな、発音も辞書はあてにならないという厳しい指摘がある。

その理由は、英語の発音には、日本語には存在しない発音が山のようにあって、それを習得することは並大抵ではないからだという。失礼ながら脅しているとしか思えない表現である。

おそらく、どこからか引用してきたのだろう。発音記号[1]と、その発音に対応させた口と顎の断面図を示して、正確な発音の習得が大事であると解説している。

「あ」と「い」と「お」の中間の音で日本語にはない！ 何だそれは？？

---

[1] この native speaker は気に入らないが、仕方なく使っていると述懐している。実は、アメリカやイギリスの辞書では発音記号を採用していない場合が多い。

ところが、その解説を読んで驚いた。意味不明の日本語が前後の脈絡もなく綴ってある。例えば**ある発音は、「あ」と「い」と「お」の中間の音で、日本語にはない音**と説明がある。こう言われて、正しい発音のできる人がどこにいるだろうか。(この native speaker は、このような解説を英語に訳してもらって納得したか疑いたくなる。)

結局、この本を読んで、なるほど日本の英語教育はまちがっていると納得した(錯覚させられた)読者も、そのまちがいを矯正するにはどうしたらいいのだろうかと疑問に思いながら、結局、否定的な現状を認識しただけで終わってしまう。本来の目的の、**英語をいかにして習得するか**が全く語られていないからである。

この本と類似のものは、山のように出版されている。そして山のようにベストセラーになっている。それだけ、日本人英語の問題点が明らかになっているということなのだろうが、問題はその先である。それでは、どうやったら、日本人英語を克服したらよいか。それが不明確なのだ。

実は、冒頭で紹介した健康の問題と、日本人英語の矯正には共通の問題がはらんでいる。自分が病気にかかったことのないひとには、なかなか病人の苦しみや悩みは分からないということである。ひどい時には、生活態度がだめだとか、精神がたるんでいるとか、抽象的な非難

はじめに

をして、病人をますます落ち込ませてしまう。しかも、具体的な処方せんを教えてくれないのだから、むしろ相談などしないほうがよかったということになる。

しかし、もしここに同じ病気にかかった経験があり、それを苦労して克服したひとがいたとしたらどうだろうか。この人には、病人の苦労もよく分かるし、相手の悩みに親身になって応えられる。さらに重要なことは、具体的にどうすれば病気を克服できるかを教えることができる。

日本人の英会話も同様である。英会話で苦労したことのない native speaker に、いくら日本人英語の対策を教えてくれと頼んでももともと無理な話である。彼等は、診断のプロではあるが、治療に関しては素人である。現在の英語教育の悲劇がここにある。

また、英語とひとくちに言っても、その範囲は広い。特に発音に関しては、英語と米語で大きく違うし、米語でも地域によって全然違う。オーストラリアには独特の発音がある。

Native speaker は、発音から単語を覚える。日本人も日本語を覚えるときに、いきなり漢字の書き取りからはスタートしない。だからといって、はじめて英語を習う日本人に、同じように発音からスタートしろということは無理があるし、外国語を習う手法として正しいとは思えない。むしろ、英文の文章から習う方が、より効果的で

ある。

　英語を学ぼうとする外国人（日本人だけではない）にとっての不幸は、英単語のスペル（spelling）と発音の間に合理的な整合性がないことにある。その証拠に、スペルを正しく書けないアメリカ人が山のようにいる。英単語がうまく発音できないからといって、英語教育そのものを否定するのは、まちがっているのである。

　英会話に限らず、何か問題が生じた時には、その原因を明らかにするとともに、その問題をいかに効率的に解決すべきかを考えなければならない。

　本書は、日本人英語という病気にいったん罹った患者が、それをいかに治療すべきかの処方せんを語ったものである。日本人英語から、通じる英語へと変えるためには、どうしたらよいかを、日本人の立場から書いた。

　自分の英語の発音に自信がつき、英語が通じるようになれば、英会話が好きになる。いっぺん好きになったら、

好きこそ、
ものの上手なれ

はじめに

それこそこっちのものだ。だまっていても英会話はみるみる上達する。「好きこそ物の上手なれ」とは、すべての学問に通じる名言である。

多くの日本人は英語が下手と言われるのは、実はちょっとしたコツを教えられていなかったからなのだ。ひとから言われてはじめて気づくということは山のようにある。

日本人の英語発音の大きな問題は、ふたつある。それは、アクセントの位置が違っていることと、あいまい母音の発音が間違っていることである。逆に言えば、これらふたつを解決すれば、かなり英語らしい発音に矯正できることになる。

そのうえで、よく問題にされる「r」と「l」の発音の区別や、「b」と「v」、「th」「sh」などの発音に気をつければよいのである。

日本人英語の治療には──

[アクセントの位置をなおすこと]
[あいまい母音の発音をなおすこと]

このふたつが重要なんだ

第I部

第1章　日本人はなぜ英語が下手か？

1.1　日本人は本当に英語が不得意か

　日本人は英語が不得意といわれる。現に、アジアやアフリカの政治家が英語を流暢に駆使するのに対し、日本の政治家は英語をほとんど話さない。たまに話すのを聞くと、日本人であることが恥ずかしくなる。

　また、各種の国際会議でも日本人の発表は増えているが、やはり「日本人は英語が下手」というのが定説となっている。日本人を招待講演者に招くと、発表があまりにもひどすぎて、会議そのもののレベルが問われかねないという理由で、日本人の招待講演をゼロにした国際会議もある。世界を対象にした英語能力の試験であるTOEFLでも日本人の成績は、アジア諸国でもびりから数えた方が早いという不名誉な記録を、何年も保持している[1]。

---

[1] ただし、他のアジア諸国の受験者数は少なく、しかもTOEFLを受けるひとは、かなり英語に堪能なひとたちであるから、

第1章 日本人はなぜ英語が下手か？

しかし、日本人は生まれながらにして英語が下手かというと、決してそうではない。その証拠に海外からの帰国子女は native と変わらない英語を流暢に話している。英語が下手ということが、あたかも、日本人の身体的特徴のように主張するひともいるが、明らかに間違いである。では、なぜ、**日本に住んでいる日本人は英語が下手**なのであろうか。

まず、政治家について言えるのは、英語を話せるような人が政治家になれる素地が、この国にはないということである。国際関係が重要な国では、世界的視野に立ったひとが政治家になるが、日本は地元利益誘導型の土着政治家がほとんどで、世界的視野を持った人など煙たがれるのが落ちである。当選回数が多くなって大臣になれ

日本人でも帰国子女たちは英語が流暢である。

この成績で全体の英語のレベルを相対評価するのは、統計学の立場からは大いに疑問がある。

たからといって、英語で海外の政治家と対等に討論しろというのがもともと無理な話である[2]。

1.2 国際化が進んでいる（？）研究分野の英語のレベル

それでは、研究者の世界はどうか。最近、日本政府が国際化を目指して、日本の大学や研究機関を広く海外の研究者に開放することを提唱している。すでに多くの海外研究者が博士研究員として日本を訪れている。さらに、大学の講義を英語化しようという動きもある。これは、海外の大学生が日本の大学で単位を取得しやすくするという狙いがある。しかし、ちょっと待ってくれといいたい。どれだけの教員が英語でまともな講義ができると考えているのか。

もちろん、政府や企業の援助で、数多くの日本人研究者が欧米諸国を訪れ、在外研究の経験を有している。しかし、海外で研究生活を送ったからといって、帰国子女のように英語が堪能になる人は、それほど多くない。こ

---

[2] この原稿を書き終えたあとで、海外の政治家や報道記者と英語でコミュニケーションのとれる数少ない政治家である小泉純一郎氏が首相になり、田中真紀子氏が外相に任命されたのには驚いた。ただし、田中氏は解任されたが。

第1章 日本人はなぜ英語が下手か？

れは、歳をとってから出かけるひとが多く、年齢的に始める時期が遅いという説もあるが、海外へ出かけても、英語をあまり使わないという事実もある。実は、研究においてtechnical term（専門用語）が分かれば、筆談である程度済まされるため、英語環境にいながら英語を使わなくとも済むのである。

家族連れで出かけた場合には、最悪である。家に帰ればすべて日本語であるから、日本にいるのと何ら変わらない。子供は、学校に行くから英語漬けの生活になるが、親は英語を使う必要性がないのである。よって、海外生活が長いのに英語が全く上達しなかったというケースをよく耳にすることになる。

だからといって、日本人研究者の英語がみんなダメだと言っているわけではない。英語を流暢に話す研究者が最近は多くなった。ところが、日本では若手研究者になかなかチャンスが巡ってこない。研究が評価されて海外から招待講演の依頼が来ても、講演するのは組織の長である。資料や発表原稿は下っ端に任せて、自分は原稿を棒読みするだけであるから、海外で歓迎などされる訳がない。少々、英語が下手であっても自分の研究成果を何とか伝えたいという情熱があれば感動を与えられるのにと、いつも残念に思う。

さらに悪いことには、こういう人は、観光気分で国際会議に参加しているから、自分の発表が終われば、さっ

さと市内見物やゴルフに出かけてしまう。若手研究者の発表にさかんに耳を傾け、時には助言を行っている海外の研究者と比べると、あまりにも落差が大きすぎて情けない。英語で討論できる能力がないのであれば、観光も仕方がないのかもしれないが、英語力だけではなく、日本人の人間性が問われかねない問題である。

1.3 英会話学校の功罪

　日本人は英語が下手と喧伝される一方で、英語、特に英会話を何とかマスターしたいという日本人の数は非常に増えている。英会話学校や、英語学習に関する本が大はやりである。筆者の知り合いでも、大金を払って、英

第1章　日本人はなぜ英語が下手か？

会話学校へ通っている人が何人かいるが、成果は期待したほど現れないのが実情ではなかろうか。それには、ちゃんとした理由がある。

英会話学校に行けば、文法は直される、発音は直されるの連続で、会話する楽しみよりも、いつ注意されるかという不安で上達どころではない。考えてみれば、普段、完璧な日本語を話している日本人など皆無である。それを商売にしているアナウンサーでさえ、時折、間違った日本語を話すのであるから、一般人の場合はもっとひどい。それでも、会話は成立する。まして、日本語の文法が変だからと、会話の途中でいちいち注意されることもない。もし、話の途中で、何度も間違いを指摘されたら、日本語であっても、話す意欲がなくなるであろう。

> いいですか。
> わたしの英語をすべて聞き取ってください。
> できなければ不合格です。

英会話学校の功罪

さらに、見落とされがちな問題もある。英会話では相手の発言を一字一句完全に理解することを要求される。試験で聞き取れない単語があると、落第とみなされる。しかし、日本人どうしの会話で相手の発言内容をすべて理解している人がどれくらいいるだろうか。適当に聞き流したり、雰囲気で相手の言っている内容を理解したつもりになっている場合が多いのではなかろうか。相手の発言を一字一句聞き逃すなと言われたら、会話どころではない。伝言ゲームを見ればよく分かる。五人も経れば話の内容が変わっている。会話とは、その程度のものなのである。

最近では、この反省から多少の文法のあやまりには目をつぶって、会話を楽しむということに重点を置く学校も多くなった。英会話学校も生徒が来なくなれば、自分達が困るから、それなりの工夫をしているのである。

1.4 日本の学校教育

それでは、教職過程を履修したプロの教師が教えている中学、高校はどうか。むしろ、税金が関わっている分、こちらへの非難はもっと厳しい。いわく、「6年も英語を習っていて、子供との英会話もできない」「日本人の英語力の低さは学校教育が問題だ」など、かなり辛らつな評

第1章　日本人はなぜ英語が下手か？

価が寄せられている。これらの評価に対し、文部省も native speaker を補助教員に採用するなどの工夫を凝らしているが、一向に成果が上がらない。

しかし、ちょっと待ってくれと言いたい。私は高校生の時、米国のカリフォルニア州で過ごしているが、そのホームステイ（home stay）先の子供は、みんな第一外国語としてスペイン語を選択していた。しかし、彼等も中学、高校と6年もの間スペイン語（Spanish）を習っていても、話せないと嘆いていた。これは、英語を習っているヨーロッパ（Europe）の国のひとびとでも同じである。日本だけの問題ではない。

We have learned Spanish for six years.
But we cannot speak it.　Why?

アメリカでも多くの中高生は外国語を6年間履修するが、授業だけで話せるようになった生徒はいない。

私見を言わせてもらえば、6年間にわたる英語学習は決して無駄ではなかった。現在、私は超伝導の研究をしているが、この分野では海外とのコミュニケーションが不可欠であり、論文もほとんど英語で発表している。筆者の研究室にいる多くの研究員や学生は、完璧とはいかないまでも、ある程度、海外の研究者と文書で意志の疎通ができる。会話となると、かなり苦労はするが、英語の論文を読んで理解できるというのは、中学、高校時代の英語教育のおかげであろう。

　つまり、英語と一口にいってもいろいろな分野があり、何を目的にして英語を使うかによって、習うべき内容も変わってくる。日本人の多くの人は、英語教育のおかげで、それほど難しくない英文なら、十分読解することができる。これは、あまり認識されていないが、大変重要なことである。

　英会話ができないから、即英語教育が間違いという指摘は、あまりにも視野の狭い考えである。もちろん英会話ができることに越したことはない。ただし、英会話を習うならば、それに適した学習法があるはずである。それを義務教育に課すのが良いかどうかは議論の余地がある。

　なにしろ英会話を習っても、積極的に英語を使わなければ効果はないからだ。あれだけ英語が流暢に話せる帰国子女も、小学校低学年で日本に帰ってきて、日本の生

活に埋没すると、あっというまに英会話ができなくなる。

1.5　英語習得のコツ

それでは、どのようにすれば英会話ができるようになるのだろうか。いちばん効果があるのは、英語を好きになることである。これは、英語に限らず、あらゆる学問に共通している。

日本にも「好きこそものの上手なれ」ということわざがある。何を当たり前のことをと言われるかもしれない。しかし、我々のまわりには、あまりにも**英語が嫌いになるチャンスが多すぎる**。だからこそ、「英語を好き」とまでは言わないまでも、「英語を嫌いにならないようにする」工夫が必要なのだ。英会話教室の弊害はすでに紹介した。いちいち、自分の話す英語を注意されたのでは、それを苦手と思うようになり、やがては自己嫌悪から英語嫌いになる。

本書の大きなテーマのひとつである「日本式英語発音」も、日本人が英語嫌いになる大きな原因である。なぜか日本人の発音は英語らしく聞こえない。これは、後でも紹介するように、日本人がローマ字発音に頼り過ぎるということに起因している。この事実は、日本人も外国人も耳が痛くなるほど指摘しており、いまさら指摘す

るまでもない。

　しかし、この問題が重々分かっていながら、なぜ日本人の英語はダメなままなのか。答は簡単でこの欠点をいかにすれば矯正できるかというコツを誰も教えてくれないからである。本書をまとめるにあたって、多くの日本人向け英会話の解説書を紐解いてみたが、日本人の欠点をつまびらかに指摘することには大変なページ数が割かれているが、いざ、その対策となると「苦労して独学しろ」という調子である。

　しかし、一生懸命努力しろと言われても、そのやり方が分からなければ、変えようがない。欠点を直そうとして、自分なりに頑張っても、native に通じないとなると、ショックは相当大きい。自分の英語に自信がなくなり、ついつい話す時の声が小さくなる。自信がないうえ、発音もあいまいで、しかも声が小さいとなると、ますます通じなくなるから、悪循環に陥る。結局、英語恐怖症になり、英語なんか嫌いだということになる。

　それでは、どうすれば英語の発音が改善されるのだろうか。文部省のお歴々を含めて、おそらく native speaker に習うのが一番と考えているひとが多いのではなかろうか。学校に native speaker を補助教員として配置するという制度の導入も、この考えに沿っている。

　もちろん、native speaker の英語に触れる経験が大事であるということに異論はない。しかし、これには大きな

第1章　日本人はなぜ英語が下手か？

落とし穴がある。**英語の習得に苦労しなかったひとには、英語の苦手な人間に効果的な教え方ができないという**事実である。

例えば、native speakerの典型的な教育方法は、「あなたの発音は間違っている。よく私の発音を聞きなさい」と正しい発音を何度も繰り返すやり方である。これは、米国の親が子に教えるやり方でもあるが、日本人には効果がない。"th"の発音を習うときに、nativeの発音を何度聞いても、同じような発音はうまくできない。lとrの区別、vとbもしかりである。教える方は、何でこんな簡単なことが分からないのかとイライラするし、生徒の方はどうして自分はできないのかと自己嫌悪に陥る。やがて英語嫌い、あるいは英語恐怖症患者がひとり増えることになる。

> native speakerは英語の発音は得意であるが、日本人式英語をどうすれば矯正できるかをうまく説明することはできない。

しかし、誰かがthの発音は、上顎の歯の下側に舌をこするようにして音を出すんだと、おおげさなしぐさと日本語で説明してくれれば問題は解決する。少しはとまどうが、繰り返し練習すれば、誰でもできるようになる。

　Native speakerが英語を習得した方法を、そのまま、日本語環境で育った日本人に適用しても効果はない。むしろ、英語は難しいという考えを植え付けてしまうので、逆効果である。よって、**native speakerと違う言語環境で育ってきた人間には、その事情をよく理解したひとが適切なアドバイスをすることが重要である。**

　幸か不幸か、私は子供のころを日本で過ごして、高校生になって、はじめてアメリカに渡った。そこで、生きた英語に出会うのだが、大変な苦労をして英語を学んだ。いろいろな経験を通して、いかに英語らしい（あるいはnativeに近い）英語をマスターするにはどうしたら良いかということも、悩みながら試行錯誤を繰り返して習得した。

　私はnative speakerではないし、帰国子女のように自然に英語を覚えたわけではない。それだけに子供の頃を日本の言語環境で過ごした日本人（圧倒的多数の日本人）が**英語を習得するうえでの重要なコツを心得ている。**その経験は、英語を学びたい多くの日本人の参考になるものと確信している。

第2章　英語の発音は
　　　　アクセントが命

2.1　ある日本人の失敗

　大学教授のA氏が、米国で開かれる国際会議に招待され講演を行った。

　ちょうど、時期が良かったので奥さんも同行することにした。通常の国際会議では同伴者用の観光プログラムが用意されており、格安のツアーが企画される。最初は同行を渋っていた奥さんも、ツアーを楽しんでいるようで、ちゃっかり海外の友人をつくって片言の英語を駆使して談笑している。その様子を見て、A氏は「やはり女性はたくましいな」と思いながら、ほっとした。なにしろ、会議の間は相手ができないので、どうしたものかと心配していたのだ。

　A氏の講演も無事終わり、その夜はふたりでレストランに行くことになった。

　いつもは、滞在しているホテルのレストランで食事を済ましているので、たまには日本人のあまり行かない地

元のレストランに行こうということで話がまとまった。主催者の友人に相談したところ、おいしい地方食を出す店を紹介してくれ、親切に予約も入れてくれた。

ホテルから、目的のレストランにはタクシーで行くことにした。

米国では夜の治安が良くない。会議の開催地は地方都市で、ニューヨークやロスのような大都市ほどではないが、用心に超したことはない。

予約したレストランは、贅沢な外装ではないがなかなかしゃれた感じのつくりで、ふたりは大いに気に入った。

玄関で予約を確認すると、席に案内された。

注文すべき料理は、あらかじめ候補を聞いてメモしていたが、ウェイトレスがやってきて、最初にドリンクの注文を聞かれた。A氏が奥さんに尋ねると、水が欲しいと言う。そこで、A氏は自信をもって

"Would you bring a glass of water?"

と応えた。

すると、ウェイトレスは、A氏の言葉が分からずに

"What did you say?"

と聞いてきた。

A氏は、水も分からないかと首を傾げながら、今度は

"A glass of water!"

と大声で言った。ところが、それでもウェイトレスには通じない。

第2章　英語の発音はアクセントが命

What would you like to have for a drink?

U-O-TAR?　　　　　ウオーター　please!

　A氏は少しあせってきた。
　最初は同行を渋る奥さんに、僕が通訳がわりになるから安心だよと言い聞かせてきたからだ。それが水も注文できないのでは、どうしようもない。
　A氏は、ふたたび大声で
　　"Water please."
と言ったが、それでもだめであった。
　すると、横で見ていた奥さんが
　　「わーとぅ」
といきなり叫んだ。A氏が何ごとかと訝っていると、何とウェイトレスは安心したように
　　"Oh! You mean water. Just a moment."
と言うではないか。
　A氏は、すっかり面目を失ってしまったが、なぜ自分

の言葉が通じなかったのかが分からない。

昔、アメリカにはじめて来た商社マンがビールを注文しようとして大声で

「ビール!」

と注文したら、いきなり Bill(勘定書)が来たという笑い話を聞いたことはあるが、水では笑い話にもならない[1]。

何とか、自分用に local beer(地元のビール)を頼んだが、どうも納得のいかない A 氏であった。

料理はメモを見せて無事注文できたが、ドリンク注文の失敗が衝撃的で、せっかくの料理も A 氏にはあまり美味しく感じられない。

ホテルに帰って、奥さんは次のような種明かしをしてくれた。ツアーの最中に喉が乾いて水が欲しくなったが「ウォーター」と言っても注文ができずに困っていると、アメリカの友人が「わーとぅ」と言って水を注文している

water の発音は、最初を思い切って
「ワートゥ」
のように大きく発音する。

---

[1] ただし、これは日本の笑い話で、実際には bill と言っても通じない。check please が正しい。

のに気付いたという。しかも、最初の「わ」の音を大きくのばして、「とぅ」は小さめに発音しているので、同じように自分も発音したら通じたというのだ。

A氏は、普段食事をするレストランでは、自分の発音でも十分通じるのにと不思議に思った。まして、会議の講演でも、こんなことはなかった。

2.2 なぜA教授の英語は通じなかったか？

さて、ここで紹介した話には、日本人が英会話で失敗する例がいくつか入っている。まず、最初の失敗は、A氏が日本人の行かない地元のレストランに行ったことである。「日本語式発音の英語」を聞いたことのない地元の人には、なかなか通じにくい。

A氏は、国際会議では自分の英語は問題なく通じているのにと不満を覚えるであろうが、国際会議の参加者は、いろいろな国から来ているので、なまりのある英語でも何とか理解しようとしてくれるし、そういう英語にも慣れている。本当の英語（あるいは地元の英語）しか聞いたことのない地方のウェイトレスとは、全然違う人種なのである。おそらく、A氏が、普段行くレストランは、日本人客が多く、日本人慣れしているのである。

> 英語では、なによりもアクセントが大事なのよ。
> アクセントの位置が違うと、どんなに発音がよくても違う単語に聞こえてしまうの。
> このことを、案外日本人はみんな軽視しているのよね。

次に water の発音である[2]。日本人にとって、ウォーターは日本語（日本語式発音英語）になっており、日常生活で十分通じる。しかし、日本人の発音で「ウォーター」（u・o-ta-）と言っても、海外ではまず通じない。実は、この日本語式発音をいかに矯正するかが本書の主題である。Water は、ありふれた言葉であるが、それを英語で発音する時には重要なふたつのポイントがある。

まず、**アクセントの位置**である。英語では、日本語と違って単語を平板に発音することはなく、どこかが強調される。Water では、頭にアクセントを置く（置かなければならない）。ほとんどの日本人は、ここでつまずく。

次に、ter の発音である。これは**あいまい母音**と言われるもので、英語では頻繁に出てくる発音である。中学時

---

[2] 発音記号で書くと[wɔːtər]となる。

代の参考書をひもとくと、**英語の中で最も重要な発音**とある。実は、この「あいまい母音」の発音が苦手であることが、日本人にとって、英会話の大きな障害となっている。ウォーターも、そのひとつである。

よく、東南アジアの政治家の broken な英語が通じるのに対し、なぜ日本人はだめなのかと憤慨する人がいるが、少々、ひどい発音でもアクセントの位置が正しければ通じる場合が多い。逆にアクセントの位置が違うと、ほとんど通じない。

2.3 外来語の氾濫

実は、冒頭（33頁）で紹介したエピソード（episode）の中にもカタカナ語つまり日本語式発音が染み付いた英単語が、たくさん出てくるのに気づくであろう。

　　プログラム（program）[prágræm]
　　ツアー（tour）[tuər]
　　レストラン（restaurant）[réstərənt]
　　ホテル（hotel）[houtél]
　　タクシー（taxi）[tǽksi]
　　ウェイトレス（waitress）[wéitris]
　　メモ（memo: memorandum の略）[mémou]
　　　（[memərǽndəm]）

ドリンク（drink）[drínk]
ビール（beer）[bíər]
ニューヨーク（New York）[nùːjɔ́ːrk]
ロス（Los Angles）[lɔːs ǽndʒələs]

　短い文章の中でも、これだけの数が出てくるのであるから、いかに日本語式英語が日常生活に入り込んでいるかが分かる。しかし、waterと同様に、これらの単語を、日本式に発音しても通じない。ある英会話学校の先生は、これが日本人英語の大きな問題だと指摘している。

　確かに、日本式発音でこれら単語を発音しても通じないうえ、ついつい、日本人は日本式に発音してしまう。A氏の例でも分かるように、これが大きな弊害となっている。だからと言って、今から、日本語で発音する時も、これら単語の発音を、できるだけ英語に近いものに変えようと提唱したところで、それが変わることはない。それならばそういう環境に住んでいるということを嘆いてばかりいないで、発想をかえて別な視点からみる必要がある。

　まず、これら英単語が日本語に入り込んでいるということは、日本人がそれだけ英語にしたしむ機会があるという見方もできる。その証拠に、英語を習ったことのないお年寄りでも英語に親しみが沸くのは、これだけ英語が日本人の生活に入り込んでいるからである。

第2章 英語の発音はアクセントが命

そして、英会話を習おうという人は、これら単語の正式な発音を辞書で調べる必要がある。これだけ親しみのある単語であるから、それほど苦にならないうえ、発音の違いや、同じ単語でも違う意味があることなどを思わず発見することもあり、案外楽しい。問題は、日本語の英単語の発音は、実際の英語の発音とは違うんだという認識をしっかり持つことである。

2.4 ローマ字の弊害

それでは、なぜ日本式発音は英語とあまりにも違うのだろうか。実は、日本語の音をになうひらがなは51個あるが、すべて「あいうえお」の母音（vowel）がベースとなっている。

たとえば a i u e o に k 音を頭に重ねると「ka, ki, ku, ke, ko: かきくけこ」になり、t の場合は「たちつてと」になる。

プログラムは日本語式の発音では p(u)-ro-g(u)-ra-m(u) となって、すべて母音が入るが、英語では program を発音する時、母音は、ro と ra だけである。和製英語はカタカナで書かれるので、どうしても、すべての音が母音を含んだ発音となりがちである。英語圏の人たちからは、母音の多用は、乱暴に聞こえるらしい。しかし、それに

慣れている日本人にとって、逆に英語の発音はあいまいに聞こえる。よく、英語を話す時にあいまいさを強調するため、口をもごもごさせて英語を話す日本人を見かけるが、これは完全な誤解である。**英語を発音する時こそ、口を大きく運動させる必要がある。**逆に、日本語は母音が中心なので、少々口を使わなくとも、十分通じるのである。

この母音、子音の問題にも大きな関係にあるのが water でも指摘したアクセントの問題である。日本語にも、もちろんアクセントの区別はある。橋と箸は、読みはどちらも「はし」であるが、アクセントの位置が異なる。しかし、日本語では、すべてに母音がともなうので、どちらかと言えば、すべての単語が平板に発音される。一方、英語の場合、極端に言えば単語の中でほとんど発音されない音を含んでいる。

メリケン粉という日本語（和製英語）をご存じだろうか。これは、実は american 粉のことである。明治時代に、ほとんどの小麦粉はアメリカから輸入されていた。この時、アメリカの粉という american の発音がメリケンに聞こえたため、こう呼ばれるようになったと言われている[3]。この耳から入った発音は実は正しい。ところがローマ字読みが普及したため、現在は a-me-ri-ca-n つまり「アメリ

---

[3] 発音記号では[əmérikən]となる。

カン」と発音する。これでは、英語では通じない。「メリケン」と発音した方が通じる。ついでに言えば、「メ」の発音を強めにすれば完璧である。つまり「メリケン」であろうか。

アメリカン（american）の「a」はどうなったと言われるかもしれない。もちろん、発音しているのであるが、聞く側からは余程注意しない限りは分からない程度である。英語では、このめりはりが重要である。

2.5 英語はアクセントが命

私の父は警察官（policeman）であったが、こんなエピソードを話してくれたことがある。戦後に進駐軍が日本に大挙してやってきた時、警察官として英語を使う機会が増えた。

英語を習ったことのある父は、まわりから頼りにされたが、簡単な言葉が通じないで困ったことがある。

聞かれたことに「知らない」と言うつもりで

「アイ・ドント・ノー」（"I don't know."）

と言ったら、全く通じないというのだ。初歩中の初歩の英語が通じないのには、がっくりきたらしい。ところが、しばらく外人と付き合ううちに、アメリカ人は「アイドンノー」と発音していることに気づいたという。そこで、

アイ・ドント・ノー
(I don't know.)

これでどうして
通じないのかなあ？

don't の t の音を省いて、思い切って「ァィドンノー」と言ったら見事に通じたというのだ。日本語式でドントと、しかも母音まじりで t 音を発音 (to) したのでは、全く別の単語に聞こえるのである。それからは、素直に進駐軍の発音（アクセント）をまねしだしたら、よく通じるようになったという。

私にも同様の失敗がある。アメリカに留学した時、ロータリークラブで日本を紹介する機会があった。その時、「現代的な」という意味で modern という単語を使った。しかし、「モダーン」と発音しても誰も分かってくれない。紙に書いて渡したら "Ah! modern!" と言われた。その時、聞こえたのは「マドゥン」である[4]。最初の mod- の音がやけに大きく、後の -ern はおつりという感じに聞こえるのだ。しかし、聞こえた通りの発音をしたら、その後は全く問題なく通じるようになった。ちなみに -ern の発音は、後

---

[4] 発音記号では [mádən] あるいは [módən] となる。

第2章 英語の発音はアクセントが命

ほど紹介する日本人の苦手な「あいまい母音」である。

別な失敗もある。電話のことで友人と話している時に、「アフレィタ」に聞いてごらんと言われたのだが、それが何のことかさっぱり分からない。かなり、英語にも慣れてきたと自負していた時期だけにショックは大きかった。しかし、しばらくして、日本語の「オペレーター」のことだと気がついた。電話交換手を呼べと言われていたのである。operator であるが、英語では最初の o の音が強く、しかも「オ」ではなく「ア」と発音される[5]。

英語の単語は、このように強弱が非常に重要で、アクセントの位置が違えば別の単語と認識されることが多い。

Hello.　Can I help you?

operator
　日本ではオペレーターというが英語では「アパレイトゥ」となる。

---

[5] 米国カリフォルニア州の発音では、このように聞こえる。発音記号では[ápəreitər]となる。

平板な日本語に慣れた日本人がつまずく原因がここにある。その好例がホテルであろう。日本に滞在したことのない native に、日本式に「ホテル」と言っても全く通じない。「ホウテル」とテの音を強く発音しなければいけない[6]。

これらアクセントと母音（特にあいまい母音）の問題は、日本人にとって身につけるのは大変ではあるが、普段から気をつけていれば、解消できる問題である。日本語式英語が通じない原因あるいは日本人の英語が下手と呼ばれる原因には、このふたつの問題が密接にからんでいる。逆の視点に立てば、これらをマスターすれば英語らしい英語を話せることになる。

ある解説書には、**英語には母音だけで 25 種類もあって、しかも、そのほとんどが日本語にはない発音**と書いてある。それを全部マスターしなければ、英語はうまくならない (!!) ともある。これを聞いたら、大抵のひとは、意欲を失うであろう。安心してほしい。そんなことはない。その証拠に、外人の友だちに「あなたは、25 種類の母音を自由自在に駆使して発音しているか」と聞いたら、「私は言語学者ではないからね」と言われた。

日本人の英語発音で矯正すべきは、ふたつしかない。アクセントと「あいまい母音」である。

---

[6] hotel は発音記号では[houtél]となる。

第2章　英語の発音はアクセントが命

付録 2-1

　国際会議で、日本人が発表していると海外の参加者が "Did you say thirteen or thirty?" 「13 と言ったのか、30 と言ったのか」を確認する光景をよく見かける。これは、14 と 40、15 と 50 の組み合わせから 19 と 90 まですべて同様である。日本人は

　　　　　　13（thirteen）　　30（thirty）

を発音する時アクセントの位置をあいまいにしてしまう。このため、外人には区別がつかないのである。実は、これらの発音では、アクセントの位置に明らかな違いがある。発音記号で示すと

　　　　　　[θəːtíːn]　　　　　[θə́ːti]

となって、thirteen では -teen の語尾にアクセントがある。よって、「スッティーン」となるが、thirty ではアクセントは thir- と頭にあるので「スッティ」となり、違いが明確である。よって、聞き違えることがない。

　ここで thirteen, fourteen, fifteen, sixteen, seventeen, eighteen, nineteen はすべて -teen にアクセントが置かれる[7]。thirty,

---

[7] ティーンエイジャー（teenager）とは正確には 10 代ではなく、語尾

forty, fifty, sixty, seventy, eighty, ninety では、アクセントはすべて頭に来る。

ところで、知っておくと便利なアクセントの規則として、英語では、ee や oo と続くと、そこにアクセントが置かれる傾向がある。例を挙げると

degree [digríː] 程度
employee [èmplɔííː] 従業員、雇われ人
guarantee [gæ̀rəntíː] 保証；保証書
pioneer [pàiəníər] 開拓者
volunteer [vàləntíər] 志願者、有志
balloon [bəlúːn] 風船
bamboo [bæmbúː] 竹
kangaroo [kæ̀ŋgərúː] カンガルー
shampoo [ʃæmpúː] シャンプー
typhoon [taifúːn] 台風

などである。ただし、例外もあって coffee（コーヒー）[kɔ́ːfi] では co- と頭にアクセントがある。cuckoo（カッコウ）[kúːkuː] も cuck- と頭にアクセントがある。ただし、例外はそれほど多くはないから、ほぼ、この規則を踏襲すればアクセントの位置に間違いがないことになる。

に -teen がつく 13 歳から 19 歳までである。

第2章　英語の発音はアクセントが命

付録 2-2

　本章で、紹介したように日本式英語が通じない大きな理由にアクセントの位置が間違っていることがある。ところが、そうは言っても、肝心のアクセントの位置が分からないのでは自信を持って発音することはできない。
　この時、アクセントの置かれる位置に何らかの規則性があれば、かなり楽になる。これに関して、受験英語で習った便利な規則があるので紹介したい。中学校の英語の恩師が語呂合せで

少々渋いから痛い（いてい）わい
ション・ション・シブ・イカル・イテイワイ

という風に覚えればよいと教えてくれた。英語で書けば

-tion -sion -sive -ic(al) -ity (-ety)

で終わる単語である。実は、これらが語尾につくと、その直前の音節にアクセントがつくという便利な規則である。この法則はかなり強力なもので、-tion -sive -ity

(-ety) には例外がない。

 -sion では唯一の例外が television [téləvìʒən]（テレビ）である。残念ながら -ic(s) の場合にはいくつか例外があり、直前ではなく2音節前にアクセントが置かれる。それは

arithmetic ar-ith-me-tic [əríθmètik] 算数
lunatic lu-na-tic [lúːnətìk] 狂気の
politics pol-i-tics [pálətìks] 政治（学）
Catholic Cath-o-lic [kǽθəlik] カトリック教徒

などである。

 少し知的な会話をしようとすると、比較的長い単語が出てくる。例えば

characteristic

という単語を例にとろう。これは、「特徴」あるいは「特性」という意味で、よく使われる。ところが、どこにアクセントを置いていいか分からないため、日本人は抑揚のない発音をしてしまい、結局、相手に通じないことになる。

 ところが、今の規則を知っていると、-tic のひとつ前の音節、つまり -is- にアクセントを置けばよいことが分

第2章　英語の発音はアクセントが命

かる。よって、迷わず堂々と発音できる。発音記号で書けば

[kærəktərístik]

となる。少々なまりがあっても（ローマ字式発音であっても）「キャラクタリスティック」と抑揚をつけて発音すれば問題なく通じる。一方、発音がよくても他の音節にアクセントをつければ通じなくなる。

　本書を書きながら、ふと書斎の本棚を見ると "An Introduction to Probability and Statistics" という title の本がある。日本語に訳せば「確率統計入門」である。見事に、これら単語すべてが、いま紹介した規則に従っている。よって、アクセントを強調して発音すれば問題なく通じるはずである。ちなみに発音記号を示すと

　　introduction　[ìntrədʌ́kʃən]　入門、紹介
　　probability　[prɑ̀bəbíləti]　確率
　　statistics　[stətístiks]　統計（学）

となる。
　このように、単語のアクセントの位置が分かると、その効用は大きい。なにしろ、英語においては、単語のどの位置にアクセントを置くかが重要だからである。

ついでに、もうひとつ重要なアクセントの規則を紹介すると、-ate が語尾にある3音節以上の単語では、2音節前にアクセントがある。これも例外がない。その例をいくつか紹介する。確認の意味で単語の音節も示してある。

appreciate ap-pre-ci-ate [əpríːʃieit]
　評価する、認識する
appropriate ap-pro-pri-ate [əpróupriət]　適当な
candidate can-di-date [kændidət]　候補
congratulate con-grat-u-late [kəngrætʃulèit]
　祝福する
compensate com-pen-sate [kánpensèit]
　埋め合わせる
demonstrate dem-on-strate [démənstrèit]
　証明する
educate ed-u-cate [édjukèit]　教育する
exaggerate ex-ag-ger-ate [igzædʒərèit]
　誇張する
fascinate fas-ci-nate [fæsənèit]　魅惑する
hesitate hes-i-tate [hézətèit]　躊躇する
illustrate il-lus-trate [íləstrèit]　（図で）説明する
investigate in-ves-ti-gate [invéstəgèit]　調査する
participate par-tic-i-pate [pərtísəpèit]　参加する

第2章　英語の発音はアクセントが命

　本章で紹介したアクセントの規則は、知的な会話において頻出する単語に当てはまることが多いので、非常に便利である。

　さらに、以上の規則を知っていると、educate では、-ate の規則に従って、頭にアクセントが来るが、その名詞形である education では、-tion が語尾に来るので、今度は、その規則に従って ed-u-**ca**-tion のようにアクセントは -ca- の位置にあるということも分かる。illustrate の場合も同様で、イラストレーションという名詞形では il-lus-**tra**-tion のように、-tion の前にアクセントが来る。

第3章 あいまい母音を征服

——condition と kundision

3.1. あいまい母音とは

さて、海外で生活していると、どうも自分の発音は、native speaker とは違うなと感じることがある。そう思ってはいても、いざ発音する段になるとうまくいかない。

ある時、自分の condition という単語の発音が native とはどうも違うなと気づいた。この con の "o" の音は**あいまい母音**と呼ばれるもので、発音記号[8]では "ə" と書かれる。誰が名づけたのか知らないが、あいまい母音と呼ぶからには、あいまいさが必要なのであろうが、どうすればあいまいになるのか分からない。

この「あいまい母音」の解説を調べると、まず、英語の中で**最も重要な発音**とある。それも、そのはずで辞書を開けば、発音記号には頻繁に "ə" が顔を出す。ところが、その正体がよく分からない。「アでもウでもエでもオ

---

[8] 米国では発音記号はあまり使わない。発音を教える時も、発音記号

第3章 あいまい母音を征服

でもない、その中間の音（？）で母音の中で最もあいまいなもの」とある。これが「あいまい母音」という名前の由来なのであろうが、この説明で発音できるひとがいるであろうか。

結局、日本人は「あいまい母音」を習得しないまま、英語を話すことになる。

実は、日本人の英語を日本人英語たらしめている最大の原因に「あいまい母音」の発音が下手という事実がある。逆に言えば、「あいまい母音」を征服すれば、日本人でもかなり英語らしい発音ができるということになる。それでは、どうすれば「あいまい母音」を克服できるのだろうか。実は、日本人でも簡単に「あいまい母音」をものにできる方法がある。この章では、そのコツを伝授したい。

3.2 Kundision って何？

米国に留学して3カ月ほど経った頃、ホームステイ先の小学生の妹の Nancy が手紙をくれた。ホームシック (homesick) で元気のないマサトを励まそうと、Mommy に言われて書いてくれたのだ。とても心暖まる内容であ

ではなく、すでにある単語を例にとって教える場合が多い。

ったが、その中に意味不明の単語が混じっていた。それがkundisionである。

辞書で調べても、こんな単語はない。これはどういう意味かと尋ねて分かったのが、Nancyはconditionというつもりで書いたのである。彼女はconditionという単語と、その意味は知っていたのだが、その正しい綴りは知らなかった。だから、発音どおりのスペル[9]（spelling）でkundisionと書いたのだ。

そう言えば、日本の小学生も言葉では表現できても、文章に書かせると書き方を間違うことが多い。アメリカの子供もそうかと納得したが、英語の方が発音と実際のスペルの格差が大きいので、もっと大変である。

kundision

condition

英語で、conditionの発音はkundisionとなるので、小学生は間違って kundision とつづりを書いてしまう。

---

[9] 日本語ではスペルというが綴りという意味ではspellingが正しい。Spellを名詞で使うと、呪いの言葉という意味になる。

第3章 あいまい母音を征服

アメリカの小学校にも、日本の漢字テスト同じように、英語のスペルのテスト (spelling test) があり、みんな苦労している。裏を返せば、スペルを先に習う日本人は、正しい英語の発音の習得に苦労することになる。

最初は、Nancy も面白い間違いをするなと思っていたが、ここで、はたと気づいた。そうか、native たちは、condition を kundision と発音しているのだと。これは、当時の自分にとっては大きな発見であった。

日本人に限らず、ある程度の学年になって、はじめて外国語を習う場合、必ず単語のスペルから習い始める。最初に発音ありきではない。ところが、native が言葉を覚える時は発音が最初に来る。もちろん日本語もそうだ。

単語のスペルを習うということは方法論として間違いとは言わないが、単語のスペルが先にあると、それが頭にこびりついて、発音もそのつづりにつられてしまう。だから、condition は（大抵の日本人なら）コンディションと発音してしまう。（驚いたことに、筆者が調べた限りでは、カタカナ表記をしている英和辞典では condition の con は、すべてコンという発音表記がなされている。) con- は、あいまい母音と教えられても、どう発音すればよいかが分からない。Native とは何か違うなと思いながら、日本式にコンと発音することになる。しかし、Nancy が書いてくれたように con が kun という表記であればよく

分かる[10]。

ここで断言したい。あいまい母音の正体は「ウ」という発音である。もちろん、厳密には日本語の「ウ」とは少し違って、より緊張した口のかたちをとるが、「ゥ」と弱く発音をすることでまったく問題がない。実は、あいまい母音と呼ばれる発音は、英語の中に頻繁に出てくる。「あいまい母音」が英語の発音で最も重要と呼ばれる所以である。極言すれば「あいまい母音」を制するものが、英語発音を制すると言える。

筆者は、kundision 事件をきっかけに、あいまい母音を、軽く「ゥ」と発音すればよいことを学んだ。このおかげで、以降は native の友人からマサトの英語は非常にうまくなったと誉められるようになった。自分でも、かなり英語らしい発音ができるようになったと感じたものである。

あいまい母音「ə」は、弱く「ウ」と発音すれば大丈夫！

---

[10] 発音記号で書くとconditionは[kəndíʃən]となる。あいまい母音が2個入っている。

第3章 あいまい母音を征服

なんだ！ あいまい母音の発音は簡単なのね。

3.3 ローマ字読みの弊害

3.3.1 oの発音はいつも「オ」ではない！

日本人は、英語の前にローマ字を習うが、その時に日本語の音に対応させて、"a", "i", "u", "e", "o"の母音は常に「あ、い、う、え、お」に変換する。このため、o ならばオという発音を用いる傾向にある。実は、これが大きな弊害を呼んでいる。もちろん、ローマ字を習うということは alphabet に親しむということと、日本語を英語表記（例えば名前）に変換する手法を学ぶということで重要ではあるが、**英語の読みがローマ字読みとは対応しない場合が圧倒的に多いという事実を認識する必要がある**。

この母音の中でも日本人が一番苦労するのが、o と i の発音である。それも、あいまい母音が大きく関係している。「なに、o や i をゥと発音するの？」と疑問に思わ

> 英語に出てくるoやiは必ずオやイと発音していたけど、それは間違いなんだ！ あいまい母音となって「ゥ」と発音することが多いんだね。

れるかもしれないが、まさに「ゥ」と発音すべき場合が圧倒的に多いのである。

ある国際会議で、日本人が講演している時に、となりに座ったアメリカの友人が、彼は何と言っているんだと聞いてきた。何を聞くのかといぶかっていると、日本の講演者はオリジナリティ（originality）、つまり独創性について強調していることが分かった。

しかし、日本人の講演者のアクセントが平板であるうえ、最初のoを「オ」と発音しているので、英語のoriginalityという単語とは判別できなかったのだ。実は、originalityの o もあいまい母音である。発音記号で書けば [əridjənæləti] となる[11]。アクセントはナの位置にあるから、カタカナ表記では「ゥリジゥナルティ」と発音すべきである。実は、oで始まる単語で、アクセントが単語の頭にない時は、ほとんどがあいまい母音となる。何度も繰

---

[11] なんとあいまい母音が3個も入っている。

第3章 あいまい母音を征服

り返すが、これらoの発音は「ウ」である。おそらく、多くの日本人は「オ」と発音をしている筈である。

opinion （ゥピニゥン）[əpíniən] 意見
oppose （ゥポゥズ）[əpóuz] 反対する
official （ゥフィシュル）[əfíʃəl] 公式の
obstruction（ゥブストゥラクシュン）[əbstrʌ́kʃən]
　　妨害
objection （ゥブジェクシュン）[əbdʒékʃən] 異議
oblige （ゥブライジ）[əbláidʒ] 義務づける
observe （ゥブズーヴ）[əbzə́:v] 観察する
obedient （ゥビーディゥント）[əbídiənt] 従順な
opponent （ゥポゥヌント）[əpóunənt] 敵対者
original （ゥリジゥヌル）[ərídʒənl] 元の

3.3.2　iの音はいつも「イ」ではない！

実は、oの発音と同様に日本人がよく間違えるのがiの発音である。ローマ字読みにつられて、iを、すべて「イ」と発音する傾向がある。実は、英単語の中の頭ではなく途中にあらわれるiの発音は、「あいまい母音」（ゥという発音）となることが意外と多いのである。実は、oの項で紹介したoriginalityのlityのiの音は「あいまい母音」である。つまり、弱い「ゥ」という発音とな

る。発音記号で書くと、[əridjənǽləti] となる。確かに、下線のようにあいまい母音である。よって、発音は「ゥリジゥナルティ」となる[12]。

次に示す単語は日本人もよく使う単語であるが、これらの単語では "i" があいまい母音となる。発音記号とともに示したので[ə]となっていることを確かめて欲しい。

ability [əbíləti]　能力
centimeter [séntəmìːtər]　センチメートル
charity [tʃǽrəti]　慈愛
 cf. charities で慈善事業
dimension [dəménʃən]　次元、大きさ
experiment [ikspérəmənt]　実験
helicopter [héləkὰptər]　ヘリコプター
nationality [nӕʃənǽləti]　国籍
infinity [infínəti]　無限
 cf. infinite [ínfənət]　無限の
intensity [inténsəti]　強度
mobility [moubíləti]　移動度
multiple [mÁltəpl]　多数の
possible [pásəbl]　可能な

---

[12] 辞書によっては、あいまい母音ではなく"i"とすることもある。ただし、このときの音はイとエの中間音となり、あいまい母音に近い。

第3章 あいまい母音を征服

priority　[praió:rəti]　優先権
resistivity　[rezistívəti]　抵抗率
velocity　[velásəti]　速度
sensitive　[sénsətiv]　敏感な
uniform　[jú:nəfɔ:m]　征服
universe　[júnəvə̀:rs]　宇宙

　この他にも、例を挙げればきりがない。いかがであろうか。実は、辞書で調べれば分かるが、英単語の中の母音には、特に、アクセントがそこにない場合、あいまい母音となるケースが山のように存在する。その音を「ゥ」となおすだけで、随分英語らしく聞こえる。

3.4　あいまい母音の正体

　アメリカの高校に留学中に、他の日本人仲間と話す機会があった。その時、話題になったのが slang[13] である。日本語に訳せば方言であるが、むしろ、隠語と言った方が正しい。つまり、辞書には載っていない、正式ではない英語のことである。実は、この slang が若者の間では頻繁に使われる。Slang には、時代とともに変遷する

---

[13] スラングと日本語でも言う。発音は [slæŋ] となる。

フゥード？

> I heard about you.
> You are from Japan.

のと、普遍的なものがある。ハリウッド映画 (Hollywood movie) には頻繁に出てくるが、できれば日本人は使わない方が無難である。

Slang には本来の意味とは違うのに、仲間うちでは意味が通るという言葉がたくさんある。筆者がアメリカにいた時には、「可愛い」あるいは「かっこいい」という意味で、foxy という用語がさかんに使われていた[14]。本来は fox : きつねという意味であるから、foxy は「ずるがしこい」という意味あいが強いのであるが、それがかっこいいという意味になるのだから面白い。ちなみに、今の高校生に聞いたら、そんな意味はないと言われた。

---

[14] きつね fox [fáks]、きつねのような、ずるい foxy [fáksi]。

第3章 あいまい母音を征服

 とにかく、このような slang がたくさんある。一緒に米国留学している日本の友人のひとりが、こんなことを聞いてきた。「おい、slang でフゥードというのを知っているか。」そんな slang は聞いたことがないというと、同級生から「アィ フゥード ゥバウチュウ」とよく話しかけられるというのである。

 「あいまい母音」が「ウ」の発音であると見抜いていた筆者は、「それは勘違いだよ」と答えた。彼らは、単に"I heard about you." というまともな英語を話しているだけで、heard の母音が「あいまい母音」であるため「フゥード」と聞こえるのだと解説した。しかしその友人は、heard の発音は「ハード」であって「フゥード」ではないと言い張るのである。だから、絶対に slang の一種だと決めつけている[15]。

 その後、アメリカの友人に確かめたが、彼らは確かに"heard" と言っていることが分かった。私にとっては、「あいまい母音」の正体が「ウ」という発音だと再確認する良い機会となったが、その日本の友人は納得できなかったのである。これは、heard は「ハード」と強烈にインプットされているため、柔軟な対応ができないのであろう。

 ただし、この件で、単語のスペルにこだわらずに、素

---

[15] heard の発音記号は[hə:rd]となる。

直に聞けば heard は「フゥード」と聞こえることが日本の友人の経験からも分かったのである。また、「あいまい母音」の正体は「ウ」という発音であるという自分の考えが間違いのないことを確認したのであるが、一方では、日本人にこの事実を納得させるのは大変なことだとも思った。

3.5 自分の耳に素直になれ

何度も繰り返してきたが、「あいまい母音」の正体は、弱い「ウ」の発音である。これは、アメリカ人の友人にも確認ずみである。つい、先日英国の友人にもあって話をしたが、彼らにもこの発音で問題がないということを確認ができた。つまり、米語に限ったことではなく、英語に共通した発音ということになる。

Heard が「フゥード」に聞こえるという友人の話をしたが、実は、単語が分からずに、いきなり英語で聞いた単語では、素直に「あいまい母音」が「ウ」の音に聞こえる。その例を次に紹介する。

米国の高校生は議論好きである。授業でも、あるテーマを設定して、議論するという機会がたくさんあった。その時に、よく使われる表現で「スポゥストゥドゥー」という、どんな単語をあてて良いのか分からない表現が頻繁に使

第3章　あいまい母音を征服

ということは見当はつくが、他の単語が分からない。意味は、「…すべきだ」あるいは「…してしかるべきだ」「することになっている」ぐらいの意味であり、スペルが分からないまま、友人につられてよくこの表現を使っていた。何かはやりみたいなもので、みんなが使うから、自然と自分も使っている。

　それから、しばらくしてその正体が、"be supposed to do" であることが判明した。この表現ならば知っているが、suppose は「サポウズ」であると思っていた筆者は、辞書を調べて驚いた。suppose [səpóuz] となって、確かに sup- は「あいまい母音」なのである。さらに、英語では早口になると、「ズ」が濁らずに、「ス」になることが多いことにも気づいた（付記参照）。

　最近になって、娘が「ユウアノッ・スポウストゥドゥイッ」という表現を使うようになった。これは、"You are not supposed to do it." であるが、学校で覚えてきた表現らしい。もちろん、スペルを知っているわけではないが、意味はちゃんと分かっている。「それをしてはいけません」という意味だ。おそらく、先生か友だちにそう言われたのであろう。

　ここで、ふと気づいた。これこそが native が新しい単語や表現を学ぶやり方だと。まずは、発音である。その後、単語のスペルを習う。日本語環境で、ずっと暮らしていた日本人である自分でも、ローマ字読みのスペルに

つられず、素直に自分の耳を信じれば、native らしい発音ができるものなのである。Heard が原語どおりに聞こえた友人もそうである。

ユウアノッ・スポウストゥドゥイッ

You are not supposed to do it.

第3章 あいまい母音を征服

付録 3-1

　英語らしく文章を発音するためには、単語を続けて読みなさいと指示されることがある。英語らしく発音するための鍵であるとまで言うひともある。

　本書で紹介した "You are not supposed to do it." や "I don't know." などが、その好例である。しかし、やみくもに単語どうしをつなげても決して英語らしくはならない。むしろ、日本語式発音のまま、単語を下手につなげるとますます通じなくなる。それは、単語を続けて読む場合には、単語自身のアクセントがどこにあるかということが重要だからである。これをなおざりにしては、単語をつなげて読む意味がない。

　それは、さておき、このように単語をつなげて読む場合に、英語には不思議な特徴がある。それは、本文で紹介したように、濁音が静音に変わり、一方静音は濁音に変化するという変な特徴である。本文では supposed つまり「スポゥズド」が「スポゥスト」に変わることを紹介したが、例えば

　　　　Did you get it?　Yeah, I got it.
　　（分かったか。ああ分かったよ。）

という会話文があった場合、最初の "get it" は「ゲットイト」(gétit) ではなく、「ゲディト」(gédit) のように濁る。これは "got it" もおなじで「ガディト」(gádit) となる。

ところが、（もうやったよ。）と答えるときに
     I did it.
と言うが、こちらは「ディディット」(dídit) ではなく、「ディティット」つまり、(dítit)のように濁らなくなるのである。

第4章　東洋人の敵
　　　（l と r の区別）

4.1　日本人には区別が難しい
　　　l と r の聞き取り

　前章までに、日本式英語の問題は、アクセントの位置が違うことと、母音とくに「あいまい母音」の発音にあることを指摘した。ところが、通じないというところまではいかないが、日本人が苦労する発音に l と r がある。

　最近、英語の入試にヒアリングを取り入れるという話を聞いた。憂慮すべき事態である。英語教育がなっていないという批判に応えて、ヒアリング能力を重視するという方向転換なのであろうが、ヒアリング試験には問題がある。

　日本人（日本の言語環境で育った人）には、残念ながら聞き取りにくい英語の発音があって、少し勉強したくらいでは習得できないものがある。例えば、"l" と "r" の区別と、"v" と "b" の区別は非常に難しい。ヒアリング試験で、これらを識別する試験問題が出たら、普通の

日本人はまず答えられない。よって、運を天にまかせて二者択一するしかない。幼少期を海外で過ごした帰国子女か、あるいは、英語をよほど使い慣れた人でなければ無理である。もし、ヒアリング試験が採用され、このような問題が出るようになれば、生徒のやる気はますます失せ、英語能力はさらに低下するであろう。

日本人の英語に接したことのない外人（English の native speaker だけではなくヨーロッパ圏の外人）に、よく指摘されるのは、どうして日本人は "l" と "r" を混同するのかという問題である。英語がかなりうまいと言われるひとでも、l と r を混同しているケースが多い。これに慣れていない外人には、相当、違和感があるらしい。確かに、"rice"（ごはん）を "lice"（しらみ）と発音されたり、"fry"（フライ、揚げ物）を "fly"（はえ）と発音されたのでは、食欲が失せてしまう。

なぜ混同するのかという彼らの疑問には、日本語では l と r の区別がないから仕方がないと答えている。「だけどお前は、ちゃんと区別しているではないか」と言われるのだが、この区別を日本人が完全にマスターするのは並大抵の努力では適わないのだと説明しても到底理解してもらえない。実は、英語圏以外でもヨーロッパの人は問題なく区別ができるのである。l と r の区別ができないのは、日本、中国、韓国の東洋系の人たちである。

しばらく日本に滞在している外国人は慣れたもので、

第4章　東洋人の敵

> Have a nice fright!

fright!!
I run away.

その場の雰囲気で適宜 l を r、あるいは r を l に直して理解してくれる。だから、これらを混同しても問題がないと思って、海外に行って思わぬ失敗をした例もある。日本人スチュワーデス（stewardess）が "enjoy your flight"（flight：飛行）というべきところを "enjoy your fright"（fright：恐怖）と言ったために、乗客が逃げたという笑い話があるくらいだ。

4.2　日本人は生まれつき l と r の区別がつかないのか？

しかし、誤解してもらうと困るのは、l と r の区別がで

きないのは、日本人として生まれたからではない。育った環境である。その証拠に、帰国子女は全く問題なく l と r を区別できる。私の娘も、アメリカの学校へ通い、日本に帰ってからもアメリカンスクールへ通っているので、l と r の区別は全く問題がない。むしろ、まわりの日本人が区別できないことが不思議らしい。

　実は、l と r の区別は英語以外のヨーロッパ圏の言語（ドイツ語、イタリア語、スペイン語など）でも、すべて厳然としており、ヨーロッパ人は l と r を混同することがない。これが、苦労に苦労を重ねて、l と r の区別を習得してきた筆者にはしゃくにさわる。東洋人が l と r の区別ができないのは、それを区別する環境にいないからである。このため、日本人にも分かりやすいように、カタカナをつかった発音で工夫を凝らしても、残念ながら、l と r を区別することができない。

　それならば、日本人には l と r の区別はお手上げかというと決してそうではない。聞く方は時間をかけてじっくりやるしかないが、発音するのは簡単に区別が可能である。実は、アメリカの高校で、筆者の l と r の発音に難があると見抜いた友人達から、何度も発音を直された。口の開け方や音の出し方まで、よけいなお世話と言いたくなるほど注意を受けたものである。しかし、一向にうまくならないので、両方イライラしだした。そんな時、いとも簡単な方法を見つけた。

第4章　東洋人の敵

4.3　どうすればlとrは区別できるか？

その種明かしの前に、帰国後のエピソードをちょっと紹介したい。

私が、アメリカ留学から帰ってから外国の訪問団がやって来ると、英語ができるという理由で、よくボランティアの手伝いに駆り出された。何度か、外人一行をホームステイさせたこともある。私の父は、当時も警察官であったが、外人が来ると、よく下手な英語で笑わせていた。

ある時、うちに16歳の女の子が泊まった。そのお嬢さんの名前は Randy といった。父も、可愛い Randy に「ランディ、ランディ」と声をかけていたが、当の Randy は、どうしてマサトのダディは、私の名前を Landy と呼ぶのかと憤慨していた。日本語にはlとrの区別がないからだよと説明したが、本人は面白くない。やはり、自分の名前を正確に呼んでくれないと不愉快だ。特に、16歳の女の子は微妙な年頃である。

ところが、いつもふざけている父は、面白いことを思いついた。ランディはブランデイに似ているから brandy と呼ぶことにしたのだ。酒のなまえなら、絶対に忘れないという知恵も働いたらしい。ところが、怒ると思った

ランディが喜んだ。ちゃんと r の発音になっているというのである。

ここで、種明かしをすると、ブランデイのブ「Bu」にはウ[u]の音が入っている。実は、r の発音の口のかたちは、日本語の「ウ」の音と同じなのである。だから、ウと発音する口のかたちでラ行の発音をすれば、これはすべて r の発音になる。"l" の発音は、上顎に舌をつけてラ行の発音をすればよい。(普段の日本人のラ行の発音は l に近い。)

実は、このウの口のかたちで r を発音するというのは、私が留学当時、苦労して取得した方法だったのである。それが図らずも証明されるかたちとなり、筆者も大いに喜んだ。最後まで、父はランデイをブランデイと呼んでいたが、当の Randy は、なぜか機嫌が良かった。しかし、ランディと呼ぶときには、もとの Landy になっていたのだが。

第4章 東洋人の敵

> rの音を出すときには、「ウ」という口のかたちでラリルレロと発音すればいいんだ。lの音は、舌を上あごの歯茎の裏に押し付けて、ラリルレロと発音する。

　よって、rで始まる単語が出てきたら、口の中でウという発音をするつもりでラ行の発音をすればよい。この手法が通用することは、私が身をもって体験している。ちなみに、私のrの発音を矯正しようと奮闘してくれていた友人たちも、私がこの方法をマスターしてからは、誰も文句を言わなくなった。

4.4 その他の注意すべき発音

　何度も繰り返しているように、日本式英語の問題は、アクセントの位置が違うことと、あいまい母音の発音が間違っていることである。これが深刻な問題であるが、

その次に話題に出るのが、l と r の発音の区別である。これは、前のふたつの問題に比べると、それほど深刻ではない。なぜなら、一応変な顔をされるものの、何とか通じるからである。もちろん、本章で紹介したような方法をマスターすれば問題はない。本書の目的は、これでほぼ終わりであるが、最後に、その他の発音で注意すべき点をまとめておく。

カタカナ表記でサ行となるものをあげてみよう。まず、s と th の違いである。発音記号では[s]と[θ]となる。"th"音については、日本でもくわしく教えられるから、あえて説明の必要はないかもしれない。th は、舌を上の歯の下をこするようにして発音すればよい。これは、濁音の場合の z と th でもまったく同様である。発音記号は[z]と[ð]となる。

また、s と sh についても、よく引き合いに出される。大胆に違いをカタカナで書けば、「ス」と「シ」になる。例えば、sea と she の違いは、「スィー」と「シー」と思えば問題はない。発音記号で書くと[siː]と[ʃiː]となる。ただし、native speakers も完璧にこなしている訳ではない。その証拠に

      She sells sea shells by the seashore.
      （彼女は海辺で貝殻を売っている）

という早口言葉がある。これは、はやく話そうとすると、s と sh の発音の区別が難しくなることの証拠である。

第4章　東洋人の敵

　次に出てくるのがvとbである。ただし、これらは発音を間違えたからといって、深刻な問題はないし、何とか通じる。日本人でも発音の区別は簡単である。「v」は下唇を上の歯で噛んでバ行を発音すればよい。ただ、それだけのことである。bは普通の日本語のバ行の音で問題ない。ただし、日本人が、vとbの区別を聞き取るのは苦労する。実は、日本人ではなく、native speakerたちも苦労することがある。その証拠に、電話で名前や地名の spelling を確認する時には、"v for victory" や "b for basketball"のように、混同することのない単語を上げて、vとbの区別をすることが多い。

　最後に、母音について少し断っておきたい。個人的には発音記号も好きであるが、英語発音のカタカナ表記も捨てたものではないと思っている。何しろ日本人がいちばん慣れ親しんでいる。いくら発音記号が正しいと言っても、記号そのものの発音ができないのでは話にならない。本書で指摘したあいまい母音[ə]などはその最たるものである。このため本書ではカタカナ表記で、弱く「ゥ」と発音すればよいと解説した。

　しかし、残念ながらカタカナ表記には限界もある。例えば、英語ではよく、cat の-a-という発音が出てくる。カタカナ表記では「キャット」で十分である。発音記号では[æ]となる。日本人にとってもそれほど難しくない。ところが、この発音が頭に来たり、キャットのように表現できない場合には、例えば

appleの頭のaはこの発音([ǽpl])であるが、カタカナ表記では「アプル」としか書けない。

つぎの母音は come である。これは、発音記号では[kʌm]となる。つまり、[ʌ]という母音をカタカナで表記することはできない。あえて書けば「カム」となる。英語の辞典では、この発音表記を[kum]と書いている。つまり、「ウ」という音に近いのである。思いきって「クム」と言ってしまう手もある。この場合も、「ウ」という口のかたちをつくっておいて「ア」と言えばよい。

　　　この母音はカタカナで表記するのは難しいけど cat の a と同じ発音といえば分かりやすいね。
　　　apple の a の音も同じ発音だよ。

第5章　英語の固有名詞

5.1　日本人がつまづく英語発音

　英語と日本語の大きな違いとして、日本語が平板に発音されるのに対し、英語ではめりはりがはっきりしていて、american の "a" のように、ほとんど聞き取れない部分がある一方、me の位置にアクセントがあることは、すでにメリケン粉の例で指摘した。

　英語では、めりはり、つまり、アクセント（accent）やイントネーション（intonation）で単語を識別することが多いので、発音自体に間違いがなくとも、アクセントの位置が違うと、認識してもらえないことが多いのである。Water もその例のひとつである。また、日本人には「あいまい母音」の発音の仕方が「あいまい」であったためにローマ字読みをしてしまうことも問題である。

　この日本式発音の問題をもろに受けるのが、固有名詞である。実は、会話の中には固有名詞がキーワードとなることが多く、それが通じなければ会話自体が意味を持たなくなる場合が多い。この章では、アクセントと「あ

いまい母音」、それと「l と r」の発音に注意しながら、英語の固有名詞の問題を取り上げてみたい。

5.2　ある日本人旅行者の失敗

　海外出張で米国を訪れていた日本人旅行者の B 氏は、仕事の都合で東海岸のワシントンへ行くことになった。ふだんは会社を通して航空券を買うのであるが、米国の生活に少し慣れてきた B 氏は自分で購入してみようと、旅行社を訪れた。B 氏は、航空券を買う時、高校時代に英語の先生が話してくれたエピソードを思い出した。

　英国を旅行していた日本人旅行者がロンドン行きの汽車の切符を1枚買おうとして "to London" と言ったら、切符が2枚（two London）来てしまった。そこで、あわてて "for London" と言いかえたら、（four London と勘違いされ）さらに2枚が追加されたという話である。余計な前置詞をつけずに、黙って "London" と言えば、それで済んだのにというのが先生の解説だった。

　この話を思い出した B 氏は、発券カウンターで「ワシントン」と、大きな声で注文した。すると、カウンターの女性が怪訝な顔をしている。B 氏は

"I want to buy a ticket to Washington."

とていねいに説明した。

第5章 英語の固有名詞

ところが、カウンターの女性は

"Where would you like to go?"

と聞いてくる。何度同じことを言わせるんだと、B氏は内心むっとしながらも

「ワ・シン・トン: Wa-shing-ton」

とゆっくり、ていねいに言った。

すると、女性は

"Where is it?　　In the United States?"

と聞いてくるではないか。B氏は、世界中の多くのひとが知っているアメリカの首都を、このアメリカ人はなぜ知らないのかと驚いた。

しようがないので、ついにB氏は紙に "Washington" と書いて女性に手渡した。

Oh! You mean Washington.

　すると、女性は

　　"Oh!　Washington!　I am sorry."

と、ようやく通じた。ワシントン行きの航空券を買うのに手間取ったB氏は、いささか自信を失った。英語にもかなり慣れてきて自信を持ちはじめた時期だったからだ。

　そこで、B氏ははたと気づいた。この女性が発音した"Washington"は、自分の「ワシントン」とは、かなり違うぞと。それでも、どこが違うかと自身に問うてもはっきり答えられない。

5.3　意外と多い固有名詞の発音違い

　実は、多くの日本人旅行者は、海外で地名が通じなくて苦労した経験を持っているのではなかろうか。これは、

第5章 英語の固有名詞

海外の地名が、その正確な発音とは異なるかたちで、日本語にカタカナ表記で入っていることに起因している。ワシントンの場合は、まだましだが、それでも通じない。

ワシントンの発音そのものは原語とそれほど大きな差はない。ところが、アクセントの位置が違う。最初の Wa の位置にあり、しかも、かなり大袈裟に口を開けて発音しないといけない。ローマ字表記にすれば、「ゥオシン・トゥン」となる。日本語ではシにアクセントを置くので、native には別の地名に聞こえる。ちなみに余談であるが、最後の ton は「あいまい母音」である。よって、発音は "tun"「トゥン」となる。

このように、アクセントの位置を間違えるのは、日本語の発音が平板であるという背景もあるが、その単語を使う日本人の怠慢も指摘されなければならない。B 氏は「ワシントン」ということが通じれば事足れりと思っていたはずである。それであれば、少なくとも、その発音を辞書（初心者用の辞書に載っている）で確認すべきだったのだ。中学生用の辞書には[wɔ́ʃiŋtən]と載っている。

B 氏は、他の多くの日本人と同様に、ワシントンなど誰でも知っている地名なので、発音が通じないとは夢にも思わなかった。ところが、そこに落とし穴がある。B 氏の偉いところは、この経験を糧に、この事件以降は固有名詞の発音やアクセントは必ず事前に辞書で確認するようにしたことだ。

5.4 うまく発音できない名詞

地名に関しては、同じようなトラブルをよく耳にする。つい先日も、アメリカに10年以上も滞在している日本人のD氏から、どうしても「ミネアポリス」の発音がうまくいかないと相談をうけた。外人のまねをしようとするが、うまくいかないというのだ。「先日のpartyで、あなたの発音を聞いたら外人と同じだった。どこにコツがあるのか」というのである。

確かに、ミネアポリスの発音は日本人にはちょっと難しい。その第一の理由はアクセントの位置の違いにある。ところが、面白いことに、D氏はそれに気づいても、なぜか直せないのである。第二の問題は、いままでにも何度も指摘している「あいまい母音」である。

ミネアポリスは、英語でスペルを綴れば **Minneapolis** である。日本人にもなじみのある地名である。このため、つい日本語読みにつられて「ポ」の音を強めに発音する。また、ミネア・ポリスと分けてしまう。しかし、英語ではMin-ne-ap-o-lisの「a」を強く発音する。この「a」はc**a**tの「a」と同じ発音である。ところが、最初から通して読んで「a」だけ強く発音しようと思っても、大抵の日本人はうまくいかない。当たり前の話ではあるが、何が

コツかをアメリカ人に聞いても答えは分からない。

この単語の発音のコツは、Min-ne-でいったん一呼吸置く気持ちで間をとることである。（これが日本人には分からない。）その後で、-ap-o-lis の「a」にアクセントを置けばよい。ちなみに-o-lis のふたつの母音は、あいまい母音であるから、日本式に「ポリス」と発音したのでは違和感がある。結局、カタカナ表記では、「ミニ・アプルス」となる。日本語読みにつられて、「ミニア」まで言ってしまうとうまくいかない。発音記号は[mìniǽpələs]となる。

付表 5-1　日本人が間違う地名の発音

Minneapolis をはじめとして、日本人になじみのある地名でありながら、うまく発音できない名詞は山のようにある。次に何例かを列挙してみた。

America　[əmérəkə]

ご存じアメリカ。でも、この発音がなかなか難しい。ここで A-mer-i-ca と下線を引いたように、3つも「あいまい母音」を含んでいる。あえて、カタカナ表記にすれば「ゥメルク」となる。

ちなみに American の項で紹介したように、最初の「A」の発音をしなくとも、立派に通じる。（というより、その

方が英語らしく聞こえる。)

Philadelphia [filədélfiə]

フィラデルフィア。独立宣言署名の地として有名。これも発音がうまくいかない。Phil-a-の下線部はあいまい母音であり、Minneapolis の Min-ne-の後のように、いったんここで、一呼吸置くつもりで発音するのがこつ。カタカナ表記では、「フィル・デルフィウ」となる。

Canada [kǽnədə]

これは大丈夫と思われるかもしれないが、Can-a-da とあいまい母音（下線部）がふたつもある。カタカナ表記では、「キャヌドゥ」。この形容詞形の Canadian も難しい。「キャナディアン」と発音したくなるが、最初の Ca-と-di-an は「あいまい母音」である。発音記号では[kənéidiən]となる。よって、発音は「クネイティゥン」となる。地名ではないが、「きゃ」の発音が出たので、ついでに話しておくが、日本人がよく間違う発音で、**career** がある。キャリアウーマン (career woman) は日本語となっているが、しかし ca-reer [kəríə]とふたつも「あいまい母音」がある。しかも、頭の ca がそうである。だから、「キャリア」は間違いで、「クリゥ」となる。ちなみに、お隣り韓国：**Korea** と同じ発音である。こちらはカタカナ表記ではコリアである。

第5章 英語の固有名詞

Florida [flɔ́ːrədə]

フロリダ半島は、あまりにも有名である。ところが、日本式に「フロリダ」と言ったのでは通じにくい。まず、アクセントの位置は、「ロ」にある。しかも毎度おなじみの「あいまい母音」が Flor-i-da と最後にふたつ並んでいる。よって、カタカナ表記では、「フロールドゥ」となる。さらに、上級者用に注意点を上げれば、l と r の発音が入っていることであろう。"l" は舌を歯茎の裏につけて発音し、"r" は「ゥ」というつもりで発音する。結局「フロー(ゥ)ルドゥ」となる。

Australia と **Austria** [ɔːstréiljə], [ɔ́ːstriə]

このふたつの国は、日本語では区別をつけにくい。しかし、英語では明確に違う。それは、アクセントの位置が違うからである。Australia は、-ra- にあるが、Austria は先頭にある。カタカナ表記では、「オースト(ゥ)レイリゥ」と「オースト(ゥ)リゥ」となる。だから、英語では、これらの国を発音で、混同することは全く無い。

San Jose [sænəzéi]

シリコンバレー (Silicon Valley) で有名な San Francisco 南部に位置する都市で、日本人はサンノゼと発音する。San Francisco を日本式に「サンフランシスコ」と発音し

ても通じるが、「サンノゼ」では苦労する日本人をよく見かける。いちばんの問題はアクセントの位置であろう。これは、最後の-seの位置にあり、発音も「ゼイ」とイをはっきり入れる。San の音は cat の "a" と同じで、ここでいったん区切るのがコツ、しかも Jo-は「あいまい母音」である。よって、カタカナ表記では、「サヌッゼィ」となる。ちなみに、日本式でも通じる San Francisco は、正確には Fran-が「あいまい母音」で、アクセントは-cis-coにある。よって、「フルゥンシスコゥ」となる。発音記号では[sæn-frənsískou]となる。

5.5 日本人が間違う人名の発音

実は、日本語と英語の固有名詞の発音の違いは、地名だけではなく人名においても同じである。筆者の高校の友人に、Anderson 君がいた。日本式に「アンダーソン」と思っていたら、これが大違いであった。普段は、ファーストネームで呼びあうので、Bill（William の愛称）と呼んでいたが、ある授業で、Mr. Anderson と呼ぶ機会があった。ところが、「ミスター・アンダーソン」と Bill の名を呼んでも、誰も応えてくれない。本人に面と向かって呼び掛けてもしらんぷりである。すると、先生が助け舟を出してくれた。

第5章　英語の固有名詞

Masato　　　　　　　Bill Anderson

Anderson を日本式に「アンダーソン」と発音しても本人には通じない。

"Mr. Anderson!　　Mr. Murakami is calling your name."

この時、先生が発した"Anderson"という発音があまりにも想像と懸け離れていて卒倒したことを覚えている。

それは、こう聞こえた。「ｱﾝﾄﾞｩｽﾝ」。まず、頭に強いアクセントがあり、その発音は cat の "a" と同じである。しかも、-der-は、何度も取り上げた「あいまい母音」である。だから、日本式に「ｱﾝﾀﾞｰｿﾝ」と言っても、発音もアクセントも違うので、native には誰のことか分からなかったである。辞書で調べると、発音は[ǽndərsən]となっている。

その後は、人名に関しては辞書を調べて、必ず発音を

確認するようにしたが、日本語とあまりにも違うことに驚いたことを覚えている。ちなみに私がお世話になった家族は「Emanuel: エマニエル」家であった。この名前は、日本では映画の「エマニエル婦人」で有名であったが、この発音も全然違った。カタカナ表記では、「ィマニュゥル」。アクセントの位置は、-man-にあり、cat の "a" と同じ発音である。また -el は、「あいまい母音」である。発音記号では[imǽnjuəl]となる。

面白いことに、日本式発音にあまりにも慣らされていた筆者は、不遜にも native の発音は変だなと感じたのである。逆の立場になれば、native は日本式発音が全く分からないということになる。

付表 5-2　日本人が間違う人名の発音（追加）

実は、日本語の一部になっている人名で、日本式発音では英語で通じないものが数多く存在する。その一例を紹介する。

Robinson　[rɑ́binsən]
有名なロビンソン・クルーソーの主人公。しかし、経験者が言うが、日本式発音の「ロビンソン」では全く通じない。まず、アクセントが頭にある。さらに、-son は「あ

第5章 英語の固有名詞

いまい母音」である。カタカナ表記では、頭が r であることを注意して「(ゥ)ラビンスン」となる。

Adam; Adams [ǽdəm(z)]

アダムとイブで有名。最近では、映画の「アダムス・ファミリー：Adams Family」が有名である。しかし、日本式発音は通じにくい。まず、アクセントが頭にあり、発音は cat の "a" の音である。さらに、例によって Ad-am(s)は「あいまい母音」である。よってカタカナ表記では「アドゥム(ズ)」となる。ちなみに、family も日本式の「ファミリー」では通じない。アクセントが頭にあり、fam-i-ly の-i-は「あいまい母音」であるので、カタカナ表記では「ファムリ」となる。発音記号は[fǽməli]となる。

Hepburn [hébərn]

オードリー・ヘップバーンは一世を風靡した大女優。しかし、「ヘップバーン」では全く通じない。アクセントは頭にあり、-burn は「あいまい母音」である。よって「ヘッブーン」となる。実は、同一名でありながら、日本では別な表記もされる。それがローマ字の「ヘボン」式つづりの創始者「ヘボン」さんである。彼は、江戸から明治にかけて日本を訪れた宣教師である。どちらかと言えば、「ヘボン」の方の発音が近い。たぶん、当時の日本人に

は「ヘボン」と聞こえたのであろう。メリケン粉と同じである。しかし、幸か不幸か「ヘボン」さんらの功績により、日本語のローマ字表記が完成し、日本人は Hepburn を原語とは似ても似つかない「ヘップバーン」と発音するようになったのである。「メリケン」が「アメリカン」となった変化とよく似ている。

Santa Claus [sǽntə klɔːz]

誰でもが知っているサンタクロース。しかし、日本式では通じない。まず、アクセントが頭にあり、発音は cat の "a" で、次の "-ta" は「あいまい母音」である。さらに、最後の s は「z」であるので濁る。カタカナ表記では「サントゥ・クローズ」となる。

MacDonald [məkdάnəld]

有名なハンバーガー店。これも、日本式の「マクドナルド」では通じない。まず、最初の Mac は、例によって「あいまい母音」である。アクセントの位置は -Don- にある。ここを強調するのがコツである。さらに、-ald は子音だけからできている。カタカナ表記では、「ムッダヌル（ド）」。日本人は、最後の d はあえて発音しない方がよい。ちなみに有名な航空機メーカーで、Peter rabbit にも出てくる「マクドネル」は、英語では McDonnell と表記する。同じ発音にも関わらず、Mac- ではなく、Mc-

第5章　英語の固有名詞

である。これも、-Don-にアクセントがある。よって、発音は、「ムｯダヌル」となり、d を発音しないだけで、MacDonald とほぼ同じである。発音記号では[məkdánəl]となる。日本人には区別がつきにくい。

ちなみに、Mac あるいは Mc で始まる語はたくさんあるが、すべてアクセントは次の母音にあり、Mac と Mc の発音は「あいまい母音」となる。

かつての日本人には超有名人のマッカーサー将軍も同じグループに属する。英語では、MacArthur [məkáːθər] であり、カタカナ表記では「ムｯアースー」となる。この場合-thur が「あいまい母音」である。

日本式に呼ぶと、マクマーホンという名前もよく出てくる。MacMahon さんのことである。しかし、この呼び方では通じない。発音記号で書くと [məkmǽn] であり、カタカナ表記では「ムｯメェン」となる。映画「ダイハード」（Die hard）の主人公は、マックレーンであるが、スペルは McClane であり、発音は「ムｯレィン」となる。発音記号では [məkléin] となる。

おわりに

日本式発音は克服できる!

本書で紹介したように、日本式英語が通じない理由には、ふたつの要因がある。

ひとつは、単語の中でどの位置にアクセントを置くかが間違っていることである。アクセントの位置が違うと、どんなに発音が良くてもまったく違う単語に聞こえる。わたしも marine という単語が通じなくて苦労したことを覚えている。この単語は、もちろん「海の」という意味で、日本でもマリンで通じる。ところで、この単語のアクセントは頭ではなく、-ri-にある。あえて表記すれば「ムリーン」が正しい。

それをアクセントを頭に置いていたために、まわりの人間に通じなかったのだ。最初は、こんな単語も分からないで馬鹿ではないかと思ったが、ふと思いなおして、アクセントの位置を直したら、まわりのみんなから "Oh, you mean marine!" と言われて、自分の間違いに気づいた。このような例は山のようにある。日本語にもなっている

ceremony もそうだ。ご存知、セレモニーである。しかし、この単語もアクセントを間違えると通じにくい。日本語では、「レ」を強く発音してしまうが、英語では、アクセントの位置は ce- にある。つまり、最初の「セ」が強く、後はおつりといった感じとなる。特に、日本人になじみのある英単語のアクセントの位置が違うことが多いので注意を要する。

ただし、アクセントの位置ならば、辞書で確かめればすぐに確認できる。特に、会話において鍵になる単語は、アクセントの位置を確かめることが必要である。

次に日本人が抱える深刻な問題は、「あいまい母音」を「ア」「イ」「オ」というように、単語のスペルの "a" や "i" や "o" につられて強く日本語式に発音してしまうことにある。これは、**「あいまい母音」をどう発音すればいいかを、分かりやすく説明されてこなかったこと**にそもそもの原因がある。

本書でも紹介したように、「ア」と「ウ」と「オ」の中間音で日本語にはない発音とわけの分からない説明をされても、その発音ができるわけがない。さらに、ひとの顔の断面図が描かれ、舌と顎との相対位置や舌の使い方の説明もされているが、これも分かりにくい。このような説明では、あいまい母音の発音をマスターできる日本人はほとんどいないであろう。

このため、たとえ自分の発音あるいは日本式英語がお

おわりに

かしいと思っても、それを矯正する術がなかったのである。この点に関しては、native speakerも自分の発音をただ真似てみろと指示するだけで、逆にうまく発音できない日本人のやる気をそぐという弊害を招いていた。

本書では、「あいまい母音」は、弱く「ウ」と発音すれば良いことを示した。こんな大胆な提言をして良いものか、最初は迷ったが、今は自信をもって、これでいいんだと言える。米語、英語ともに確認ずみである。

これらアクセントの位置の確認と、「あいまい母音」を弱く「ウ」と発音するだけで、**日本式英語発音が飛躍的に改善される**。基本的には、このふたつの事項を注意することが肝要である。

これで、あなたの英語発音の治療は終わりよ。
わたしの言ったことを守れば、必ず日本式英語
発音は矯正できるはず。Good luck!

さらに、欲を言えば「r」と「l」の発音の区別である。これに関しても、「r」の発音の場合は、「ウ」の音を発音するつもりで、つまり、心の中で「ウ」と発音したのに続いて「ラ」行を発音すればよい。一方、「l」は、舌を上顎の歯茎の裏につけて「ラ」行を発音すればよい。これだけの操作で「l」と「r」の発音の違いは完璧にこなすことができる。しばらくは、とまどうであろうが、これでほぼ英語は完璧である。

　この他にも「sh」「s」「th」、「v」「b」などの発音もあるが、これらは、それほど難しいものではない。もちろん、本当に英語の正しい発音を極めようとするならば、本書の方法は邪道と呼ばれても仕方がないものかもしれない。

　しかし、物事には順序というものがある。スポーツにしても、初心者にいきなり、過度の要求を与えたのでは、うまくなるものもうまくはならないであろう。初心者にいきなり42.195kmを3時間で走破しろと命じたり、1月以内に100mを12秒で走りなさいと言われたのでは、やる気も失せてしまう。

　まずは、基本的なところからはじめて、ある程度、できるようになったら次の段階に進むということが大切である。

　本書の方法で、日本語式発音をある程度克服できれば、英会話が苦にならなくなる。こうなればしめたものであ

おわりに

る。余裕ができれば、自分でもっと勉強してみようという意欲が出て、それがさらなる向上に通じる。

これで日本語式英語とはおさらばできるね！

Congratulations!

第 II 部

外国人に通じない和製英単語

ここで、本書で紹介した日本語式発音の元凶である

1 アクセントの位置の違い
2 「あいまい母音」の不適切な発音

のために外国人には通じない英単語をまとめた。参考にしていただきたい。

ここでは、まず日本語式に発音されるカタカナ表記[1]の日本語を示し、つぎに、対応した英語のスペル[2]を示した。また、アクセントや発音を行う場合に重要となるので、単語の音節（syllable）を-で区別したもの[3]をかっこ内に記した。さらに発音記号による正しい発音[4]を示したうえで、発音の勘所を解説し、最後にローマ字で発音を表記[5]している。

例）
コンドミニアム[1]
condominium[2]　(con-do-min-i-um)[3]　[kàndəmíniəm][4]
　「カンドゥミニゥム」[5]

外国人に通じない和製英単語

 分譲マンションのことを英語でこう言う。日本語としても定着しつつある。アクセントの位置は-min-にあり、-do-と-umはあいまい母音である。よって発音は「カンドゥミニゥム」となる。

ア行

アイロン
iron (i-ron) [áiən] 「アィゥン」

日本では、洋服のしわをなおすアイロンと定着しているが、もともとは鉄という意味である。アイロンは鉄のかたまりを熱して洋服のしわをとったことに由来する。冒頭にアクセントがあり、-ron はあいまい母音である。よって「アィゥン」となる。

アクセント
accent (ac-cent) [æksənt] 「アェクスン(ト)」

アクセントのアクセントは頭にあり、ac-の母音は cat と同じ[æ]である。また-cent はあいまい母音である。よって「アェクスン(ト)」となる。日本人は最後のtを発音しない方が無難である。

アドレス
address (ad-dress) [ədrés] 「ゥドレス」

アクセントは-dress にあり、頭の ad-はあいまい母音である。よって「ゥドレス」となる。

外国人に通じない和製英単語

アナウンサー
announcer (an-noun-cer) [ənáunsər] 「ゥナウンスゥ」

日本語では「ウ」にアクセントがあるが、英語では-noun-にアクセントがある。しかも、最初の音と、最後の-cer は「あいまい母音」であるから、弱く「ウ」と発音する。つまり、「ゥナウンスゥ」となる。ちなみに、この動詞形の announce の発音も同様であり「ゥナウンス」、発音記号は[ənáuns]となる。

アナコンダ
anaconda (an-a-con-da) [ænəkándə] 「アヌカンドゥ」

映画のタイトルにもなった、ブラジルのアマゾン流域に生息する大蛇である。アクセントは-con-にあり、発音は「アヌカンドゥ」となる。

アニマル
animal (an-i-mal) [ǽnəməl] 「アヌムル」

これも日本語として定着している。まず、アクセントは頭にあって、発音は cat の a と同じになる。さらに、-i-と-mal はあいまい母音である。よって「アヌムル」となる。最後の "l" は発音しなくとも良い。

アフリカ
Africa (Af-ri-ca) [ǽfrikə] 「アフリク」

これは誰でも知っているが、日本語式発音では意外と通じない。まず、アクセントは頭にあって、発音は cat の a と同じ[æ]になる。さらに、最後の-ca はあいまい母音である。よって「アフリク」となる。

アルコール
alcohol (al-co-hol) [ǽlkəhɔ:l]「アルクホー」

この英語をはじめて耳にすると、まったく別物に聞こえる。アクセントは頭 al- にあり cat と同じ発音[æ]である。つぎに-co-はあいまい母音である。よって「アルクホー」となる。

アルファベット
alphabet (al-pha-bet) [ǽlfəbet]「アルフベト」

アクセントは頭にあって、発音は cat の a と同じになる。さらに、-pha-はあいまい母音である。よって「アルフベト」となる。ちなみに、この単語のもととなったアルファ（alpha）も同様の発音で「アルフ」となる。うしろの-bet はベータに由来する。つまりαβ（alpha beta）の合成語である。

アンテナ
antenna (an-ten-na) [ænténə]「アンテヌ」

これは日本語に近い。アクセントは-te-にある。最初のaはcatと同じ発音で、最後の-nnaはあいまい母音である。よって「ァンテヌ」となる。

アンプ
amplifier (am-pli-fi-er) [ǽmpləfɑiər]「アﾑプルファイゥ」

増幅器でのことであるが、日本語ではアンプとなっている。英語でも省略形の amp [ǽmp] を使う。訳さないと、アンプリファイアである。英語の発音は頭にアクセントがあり、あいまい母音が2つある。よって発音は「アﾑプルファイゥ」となる。

アンブレラ
umbrella (um-brel-la) [ʌmbrélə]「アンブレル」

もちろん傘のことである。ただし、発音の位置が日本語とはまったく違う。英語では -brel- の位置にある。また最後の –la はあいまい母音である。よって「アンブレル」となる。

アンペア
ampere (am-pere) [ǽmpeər]「アﾑペｧ」

電流の単位である。頭にアクセントがあり、あいまい母音もある。発音は「アﾑペｧ」となる。話言葉では、省略形の amp[ǽmp] がよく使われる。アンプとまったく同

じかたちとなる。

イタリア
Italy (It-a-ly) [ítəli]「イトゥリ」

アクセントは頭にあり、-ta-はあいまい母音である。よって「イトゥリ」となる。

イタリアン
italian (i-tal-ian) [itǽljən]「ィタリゥン」

Italian restaurantは日本でもすっかり定着した。英語のいやらしいところは、形容詞形になるとアクセントの位置が変わってしまうことである。この場合のアクセントは-ta-の位置にあり、発音もあいまい母音からcatのaに変わる。しかも最後の-anはあいまい母音となる。よって「ィタリゥン」となる。

インターナショナル
international (in-ter-na-tion-al) [ìntənǽʃənəl]
「イントゥナシュヌ(ル)」

まさにいまは国際社会である。しかし、「国際的な」というこの語を日本式に「インターナショナル」と発音すると、とたんに国際的ではなくなる。あいまい母音がたくさん入っていることと、アクセントは-na-にあることに注意する。よって「イントゥナシュヌ(ル)」となる。最後の

外国人に通じない和製英単語

l は発音しなくともよい。

インターネット
internet (in-ter-net) [íntərnet]「イントゥネト」

情報社会の根幹となっているネットワーク（network）である。この単語も日本語式発音では、まったく通じない。アクセントは頭にあり、-ter-はあいまい母音である。よって「イントゥネト」となる。あるいは「インナネト」でもよい。

インタビュー
interview (in-ter-view) [íntəvjuː]「イントゥヴュー」

これも、すでに日本語として定着した。「面接」や「会見」と和訳してもピンとこないひとも多いであろう。アクセントの位置は頭にあり、-ter- はあいまい母音である。よって「イントゥヴュー」となる。「イナヴュー」と日本人は発音した方が原音に近い。

インドネシア
Indonesia (in-do-ne-sia) [indəníːʒə]「インドゥニージゥ」

これも日本式発音がまったく通じない例である。まずアクセントは -ne- にあり、「ニー」と長く伸ばすのがこつである。さらに -do- はあいまい母音である。最後の -a もあいまい母音となる。よって「インドゥニージゥ」となる。

インフォメーション
information (in-for-ma-tion) [ìnfəméiʃən]
「ィンフォメィシュン」

アクセントの位置は日本語と同じ-ma-にある。ただし、-for-はあいまい母音である。よって「ィンフォメィシュン」となる。あいまい母音であるから「フォ」と強く発音しないのがコツである。

ウラン
uranium (u-ran-i-um) [juréiniəm]「ュレィニゥム」

鉄腕アトム (astro-boy) の妹の名前である。もちろん、原子力発電の原料となる元素名が正式である。ただし、ウランというのは日本語で、英語では-ran-にアクセントがあり、発音も「レイ」となる。最後の-um はあいまい母音である。よって「ュレィニゥム」となる。

ウルトラマン
ultraman (ul-tra-man) [Áltrəmæn]「アルトルゥメン」

日本が誇る特撮映画である。アメリカでも放映されていたが、その題名が日本とあまりにも違っているので驚いたことを覚えている。アクセントが頭にあり、-tra-はあいまい母音である。よって「アルトルゥメン」となる。

外国人に通じない和製英単語

エネルギー
energy (en-er-gy) [énədʒiː]「エヌジー」

日本語につられて「エネルギー」と発音してもまったく通じない。多くの知的会話のキーワードのひとつであり、この単語が通じないと会話自体が成立しなくなる。まずアクセントは頭にあり、-ner- はあいまい母音である。よって「エヌジー」となる。No good の略で NG をよくテレビで使うが、エネルギーよりは、発音はこちらの方に近い。日本式に NG と呼んで、頭を強く発音すれば、ほぼ正しい energy となる。

エキスパート
expert (ex-pert) [ékspəːt]「エクスプート」

このアクセントも要注意である。日本語では「パ」にアクセントがあるが、英語では頭にある。-pert は「あいまい母音」である。また、エキスという発音を日本語ではよく使うがこれも違う。正しくは「エクスプート」となる。

エキスポ
expo (ex-po) [ékspou] 「エクスポウ」

これは、exposition (ex-po-si-tion) の略で英語でも expo と略す。意味は博覧会で、日本でもエキスポで定着している。ただし、英語では頭にアクセントがきて「エクスポウ」となる。一方、原語の exposition ではアクセントの位

置が -tion の前だから -si- にくる。また、-po-はあいまい母音となる。よって「エクスプジシュン」となる。発音記号では[èkspəzíʃən]となる。

エスカレーター
escalator (es-ca-la-tor) [éskəlèitər]「エスクレィトゥ」

すでに日本語である。というよりも、その日本語訳が分からない。ただし、英語ではアクセントが頭にあることに注意する。さらにあいまい母音がふたつある。発音は「エスクレィトゥ」となる。

エスカレート
escalate (es-ca-late) [éskəlèit]「エスクレィ (ト)」

エスカレーターのもとになった単語であるが、日本語でも「感情が高ぶる」あるいは「加熱する」というような意味合い「エスカレートする」というように表現する。発音は「エスクレィ (ト)」となる。

エチケット
etiquette (et-i-quette) [étikət]「エティクト」

アクセントの位置は頭にある。ただし、-quette は「あいまい母音」であり、condition を kundision と書いた方法にならえば、etikut となる。つまり「エティクト」となる。

外国人に通じない和製英単語

エメラルド
emerald (em-er-ald) [émərəld] 「エмルゥ(ド)」

日本語では平板にすべての音を平等に発音するが、英語では頭にアクセントがある。また-me-も-ra-もどちらもあいまい母音である。よって「エмルゥ(ド)」となる。最後のdは発音しない方が良い。

エレベーター
elevator (el-e-va-tor) [éləvèitər] 「エルヴェィトゥ」

これも日本語である。あえて訳せば昇降機であろうが、エレベーターのことを昇降機と呼ぶ日本人はほとんどいないであろう。アクセントは頭にあり、あいまい母音がふたつ入っている。発音は「エルヴェィトゥ」となる。

カ行

カセット
cassette (cas-sette) [kəsét] 「クセット」

カセットテープのカセットである。これも日本式発音ではアクセントの位置が違うので通じない。まず、冒頭のca-はあいまい母音であり、アクセントは-setteにある。よって、「クセット」となる。kusetである。最後のトは発音しなくても良いくらいである。

ガソリン
gasoline (gas-o-line) [gǽsəliːn] 「ギャスリーン」

自動車の燃料。アクセントが頭にあり、「ギャス」という発音になる。-o-はあいまい母音である。よって「ギャスリーン」となる。

カタログ
catalog (cat-a-log) [kǽtəlɔːg] 「キャトゥローグ」

日本語で「目録」と言っても意味が分からない若いひとが多いのではないか。英語ではアクセントが冒頭にあり、catと同じ発音である。-a-はあいまい母音であり、「キャトゥローグ」となる。英国式ではcatalogueと書く。

カフェテリア
cafeteria (caf-e-te-ri-a) [kæfitíəriə] 「キャフィティウリゥ」

最近では日本でもよく見られるセルフサービス（self-service）の食堂である。外国の学校食堂はこのタイプが多い。最初のcaf-の発音はcatと同じであり、アクセントは -te- にある。最後の -aはあいまい母音である。よって、「キャフィティウリゥ」となる。caf-e-の後で一拍置くつもりで発音するのがコツである。

ガラス

116

外国人に通じない和製英単語

glass (glass) [glǽs] 「ｸﾞﾗｽ」

外来語にもかかわらず、硝子という漢字まである。それだけ日本語に溶け込んでいるという証拠であろう。ガラスファイバーは高速通信網には必要な素材である。ただし、ガラスという発音では通じない。「ｸﾞﾗｽ」となる。

カリウム
potassium (po-tas-si-um) [pətǽsiəm] 「ﾌﾟﾀｼｭﾑ」

金属元素（K）である。ただし、日本語のカリウムはドイツ語（Kalium）であり、英語ではpotassiumとなる。海外の学会で、日本人がカリウムと発音して、誰にも通じないという場面を見かけた。アクセントは-tas-にありcatの母音と同じ発音である。よって「ﾌﾟﾀｼｭﾑ」となる。

カリスマ
charisma (cha-ris-ma) [kərízmə] 「ｸﾘｽﾞﾑｩ」

この言葉も日本語としてすっかり定着してしまった。日本語では平板に発音されるが、英語では-ris-にアクセントがある。しかも頭のcha-と最後の-maは「あいまい母音」である。よって発音だけではkurizmというスペルが正しい。「ｸﾘｽﾞﾑｩ」。強く発音する-ris-はｒなので本来は難しいが、その前が「ク」となって自然と「ウ」と発音する口のかたちになっているので、普通に発音すれば正しい「ｒ」の音となる。

カルシウム
calcium (cal-ci-um) [kǽlsiəm]「キャル・シウム」

人のからだに重要な元素である。これもアクセントの位置が違えば通じにくい単語である。まず、冒頭にアクセントがあり、発音は cat と同じである。-um はあいまい母音である。よって「キャル・シウム」cal- と -cium の間に一拍置くくらいの気持ちで発音するとうまくいく。

カレンダー
calendar (cal-en-dar) [kǽlindər]「キャリンドゥ」

これも日本語の暦（こよみ）よりもよく使われる。英語ではアクセントは冒頭にあり、cat と同じ発音である。-dar はあいまい母音であり、「キャリンドゥ」となる。日本語につられて「レン」にアクセントを置いたのでは、まず通じない。

カンパニー
company (com-pa-ny) [kʌ́mpəni]「カムプニィ」

日本語では会社として通っている。英語では仲間や友人という意味でもよく使われる。"I enjoyed their company." と言えば、彼らと一緒にいて楽しかったという意味である。学生がよくやる「コンパ」は、この英語に由来する。アクセントは冒頭にあり、come と同じ発音

である。-pa-はあいまい母音であり、「カムプニィ」となる。

キャタピラー
caterpillar (cat-ter-pil-lar) [kǽtəpìlər]「キャトゥピルゥ」

戦車の軌道で有名であるが、最近ではこの駆動方式をとるトラクター (tractor) の商標 (trademark) ともなっている。もともとは毛虫という意味で、毛虫が動く様子から、この名がついた。頭にアクセントがあり、発音はcatと同じ[æ]である。-ter-と最後の-larはあいまい母音である。-pil-に第2アクセントがある。cat-ter-の後で一拍置くつもりで発音する。「キャトゥピルゥ」となる。

キャメル
camel (cam-el) [kǽməl]「キャムゥ」

らくだのことである。らくだマークのたばこや靴などで有名になった。アクセントは冒頭の cam- にあり、catと同じ発音[æ]である。-el はあいまい母音である。よって「キャムゥ」となる。言い終わった後、舌を歯茎の裏につければ、最後が "l" で終わる単語の発音は大抵うまくいく。

これと良く似た発音に camera がある。日本語のカメラであるが、この場合-er-も-a もあいまい母音であるので、「キャム(ゥ)ル」となる。最後はrであるから「ゥ」という口のかたちで発音する。

キログラム
kilogram (kil-o-gram) [kíləgræm]「キルグラム」

kgと書く。体重の単位であるから重要な単語であるが、これも通じにくい。(ただし、米国ではポンド (pound: 発音はパウンド) で体重を言う。)

アクセントは頭にあり、-o-はあいまい母音である。-gramのaの発音はcatと同じもの。よって「キルグラム」となる。同じ仲間のkilometer (km) も同様に「キルミートゥ」となる。-meterの-terはあいまい母音である。発音記号では[kíləmìːtər]となる。

ただし、kmの方はひとによっては、-lo-を強く発音する場合もあり、その場合は「キラーミトゥ」となる。発音記号は[kilɑ́ːmitər]となる。英語には規則性がないことが多いのでややこしい。これは英語に限らず、あらゆる言語の宿命である。

クオーター
quarter (quar-ter) [kwɔ́ːrtə]「クウォートゥ」

もともとは4分の1という意味である。BasketballやAmerican footballの試合では試合時間が4つの区間に分けられており、それぞれをquarterと呼んでいる。1 dollarの4分の1であることから、25 cent coinをquarterと呼ぶ。また、15分は1時間の4分の1、また25年は1世紀の4分の1であるから、これらもquarterと呼ばれる。アクセントは-ar-の位置にあり、最後の-terはあいまい母音であ

る。よって「クウォートゥ」となる。

ゲルマニウム
germanium (ger-ma-ni-um) [djəːméiniəm]
「ジューメィニゥム」

―――

一般のひとには温泉の鉱水の成分として有名である。昔は一世を風靡したラジオの鉱石である。いまでも半導体では重要な元素である。この言語は German つまりドイツに由来しており、この発音もドイツ式である。英語ではジャーマンに基づく。アクセントは-ma-にあり、「メイ」と発音する。また、頭の ger-と最後の-um はともにあいまい母音である。よって「ジューメィニゥム」となる。

ケンタッキー
Kentucky (Ken-tuck-y) [kəntʌ́ki]「クンタッキィ」

―――

米国中東部の州の名前であるが、日本ではケンタッキーフライドチキン(Kentucky fried chiken)で有名である。アクセントは-tuck-の位置にあり、発音は come と同じである。また、最初の ken-はあいまい母音となる。よって「クンタッキィ」となる。

コモン
common (com-mon) [kɑ́(ː)mən] 「カムン」

―――

これもよく使われる。「共通の」あるいは「公共の」と

いう意味の形容詞である。Common senseは、日本語にもなっているコモンセンス、つまり常識や良識という意味である。Common welfare は公共福祉となる。また、Commonwealthで共和国となる。アクセントは頭にあり、-monあいまい母音となる。よって「カムン」となる。あるいは「カームン」と伸ばすこともある。

コロンブス
Columbus (Co-lum-bus) [kəlʌ́mbəs] 「クラムブス」

アメリカ大陸を発見した有名人。ただし、Native American (Columbusはインドと思ったのでIndianと呼んだが) が住んでいたのであるから、発見という言葉はおかしい。頭の Co-と後ろの-bus はともにあいまい母音である。アクセントは-lum-にあり、come と同じ発音である。よって「クラムブス」となるのが正しい。

コンピューター
computer (com-put-er) [kəmpjúːtə]「クムピュートゥ」

頭の com-と後ろの-ter はともにあいまい母音である。また、アクセントは-put-の位置にある。よって「クムピュートゥ」となる。特に、あいまい母音であるから、頭を「コン」と強く発音しないようにする。

コンパ
company (com-pa-ny) [kʌ́mpəni]「カムプニィ」

既出の会社の意味のカンパニーと同じ単語である。

コンフェクショナリー
confectionery (con-fec-tion-er-y) [kənfékʃənəri]
「クンフェクシュヌリィ」

しゃれたお菓子屋やケーキ屋の看板によく見られる。お菓子あるいはお菓子屋の意味である。ただし、あたまの con- はあいまい母音であり、アクセントは -fec- の位置にある。また、-tio- も -ner- もあいまい母音である。よって、発音は「クンフェクシュヌリィ」となる。

サ行

サイエンス
science (sci-ence) [sáiəns]「サィウンス」

科学という意味である。ただし、サイエンスという発音では通じない。アクセントは頭にあり、いちばん注意することは -ence がエという発音ではなくあいまい母音となる点である。よって「サィウンス」となる。

サイコロジー
psychology (psy-chol-o-gy) [saiká:ləgi]「サィカールジィ」

心理学である。アクセントは -chol- にあって「ア」と発音する。また、-o- はあいまい母音である。よって発音は「サィカールジィ」となる。

サスペンス
suspense sus-pense [səspéns]「ススペンス」

日本語でもスリルとサスペンス (thrill and suspense) と言う。はらはらどきどきの状態である。ただし、英語ではアクセントが後ろにあり、しかも頭の sus- はあいまい母音である。よって「ススペンス」となる。

サスペンダー
suspender sus-pend-er [səspéndər]「ススペンドゥ」

これも「ズボンつり」よりも日本語として定着している。ただし、この意味で使う時は普通は複数形となる。つまり suspenders である。頭の sus- と後ろの -der がともにあいまい母音である。よって「ススペンドゥ」となる。この語のもととなる suspend は「つり下げる」という意味の動詞であり、発音も頭があいまい母音であるから「ススペン(ド)」となる。発音記号では [səspénd] となる。最後の d は発音しないぐらいの気持ちで弱く発音する。

サタデイ
Saturday (Sat-ur-day) [sǽtədei]「サトゥデイ」

もちろん土曜日のことであるが、この発音も難しい。日本でも大ヒットした映画「サタデー・ナイト・フィーバー」(Saturday night fever) は有名である。

まずアクセントは頭にあり、cat と同じ[æ]である。-ur-はあいまい母音となる。よって「サトゥディ」となる。少々大げさなくらい頭にアクセントを置いて、あとはいっきにいけばよい。

サービス
service (serv-ice)　[sə́:vis]　「スーヴィス」

日本語として定着した。頭の serv- にアクセントがあるが、英語ではめずらしく、あいまい母音でアクセントがある。よって「スーヴィス」となる。

サラダ
salad (sa-lad)　[sǽləd]　「サァルド」

『サラダ記念日』がベストセラー (best seller) になった。ただし、日本語発音で注文しても通じない。アクセントは頭にあり cat の a の音[æ]である。また、-lad はあいまい母音である。よって「サァルド」となる。

サラリー
salary (sal-a-ry)　[sǽləri]　「サァルゥリ」

給料のこと。サラリーマンは有名であるが、和製英語

である。英語では a salaried worker となる。アクセントは頭にあり、つぎがあいまい母音である。よって「サ_{ァル}ゥリ」となる。

システム
system (sys-tem) [sístəm]「スイストゥム」

組織あるいは体系という意味であるが、日本語でシステムとして通る。アクセントは頭にあり、-tem はあいまい母音である。よって「スィストゥム」となる。

シニア
senior (sen-ior) [síːnjə]「スイーニゥ」

シニアというと日本では年配者のことを指すが、英語では年長という意味でもよく使われる。大学の 4 年生や高校の 3 年生は senior である。また、高校は senior high school と言う。アクセントは頭にあり、音を伸ばすのがコツ。また -ior はあいまい母音である。よって「スイーニゥ」となる。

シベリア
Siberia (Si-be-ria) [saibíəriə]「サィビゥリゥ」

ロシアのシベリア半島である。はじめてこの英語を聞

いた時には、シベリアとは分からなかった。アクセントは-be-にあり si- はシではなくサイと発音する。最後の–ria はあいまい母音である。よって「サィ**ビ**ゥリゥ」となる。

ジュネーブ
Geneva　Ge-ne-va　[djəníːvə]「ジュ**ニー**ヴゥ」

国際赤十字本部のあるスイスの有名な都市である。レマン湖も有名。ただし、日本人の発音のジュネーブはフランス読みであるため通じない。あいまい母音が Ge-と -vaの2個あり、アクセントが-ne-にある。よって「ジュ**ニー**ヴゥ」となる。-ne-に大げさにアクセントを置くのがコツである。

シラブル
syllable　(syl -la-ble)　[síləbl]「**スイ**ルゥブル」

冒頭で紹介した音節のこと。発音するときの一つの単位である。アクセントは頭にあり、-la-はあいまい母音である。よって「**スイ**ルゥブル」となる。

シリコン
silicon　(si -li-con)　[sílikən]「**スイ**リクン」

日本名がけい素という元素であるが、産業のコメである半導体材料として有名。シリコンバレー（Silicon Valley）は日本でもよく知られている。アクセントは頭

にあり、-conはあいまい母音である。よって「スイリクン」となる。

シリンダー
cylinder (cyl-in-der) [sílindər]「スイリンドゥ」

円筒のことである。米国の小学校では図形の円柱として習う。ただし、日本語の発音とは大きく異なる。アクセントが頭にあり、後ろの-derはあいまい母音である。よって「スイリンドゥ」となる。

シルバー
silver (sil-ver) [sílvər]「スイルヴゥ」

銀という意味であるが、日本ではシルバーシートのように年配者という意味でよく使う。頭にアクセントがあり、-verはあいまい母音である。よって「スイルヴゥ」となる。この単語も思いきって頭のアクセントを強く言うのがコツである。

シンガポール
Singapore (Sin-ga-pore) [síngəpɔː]「スイングポー」

アジアの国である。この発音も通じにくい。アクセントは頭にあり、-ga-はあいまい母音である。よって「スイングポー」となる。

外国人に通じない和製英単語

シンデレラ
Cinderella (Cin-der-el-la) [sindərélə]「スィンドゥレルゥ」

全世界で有名な童話の主人公である。ただし、はじめて英語の発音を聞いたときには卒倒した。まず、アクセントが-el-と後ろの方にあり、あいまい母音も入っている。よって「スィンドゥレルゥ」となる。タイプとしてはアンブレラの発音に似ている。

シンポジウム
symposium (sym-po-si-um) [simpóuziəm]
「スィムポウジゥム」

国際シンポジウム (International symposium) は日本でも頻繁に開催されるが、この語が海外のひとには通じない。まず、アクセントは-po-にあり「オウ」と発音しなければならない。-um はあいまい母音である。よって「スィムポウジゥム」となる。

ストロベリー
strawberry (straw-ber-ry) [strɔ́:bəri]「ストローブゥリ」

いちごのことであるが、日本語では「ベ」にアクセントを置く。英語では-raw-にアクセントがあり、-ber-はあいまい母音となる。よって「ストローブゥリ」となる。

スーパーマン

superman (super-man) [súːpərmæn]「スープメェン」

世界のヒーロー(Hero)である。日本式には「パ」にアクセントがあるが、英語では頭にある。また-per-はあいまい母音である。よって「スープメェン」となる。

セカンド
second (sec-ond) [sékənd]「セクン(ド)」

2番目という意味である。野球の二塁手（正式には a second base man）のことも指す。カタカナ表記は違うがボクシング（boxing）のセコンドも同じ単語である。時間の単位の秒にもなる。発音は頭にアクセントを置き、-ondはあいまい母音である。よって「セクン(ド)」となる。最後のdは発音しないくらい弱い。

セーター
sweater (swea-ter) [swétər]「スウェトゥ」

完全な日本語である。ただし、英語は sweat（汗）に由来している。アクセントは swea- にあり、-ter はあいまい母音である。よって「スウェトゥ」となる。

センター
center (cen-ter) [séntər]「セントゥ」

中心あるいは中心地という意味である。野球では中堅

手（正式には a center fielder）のことを指す。アクセントは cen- にあり -ter はあいまい母音である。よって「セントゥ」となる。はやく発音する場合には「セナゥ」と聞こえる。この形容詞は central であるが、日本式にセントラルと発音してはいけない。-ral はあいまい母音であるので「セントゥルゥ」発音記号では[séntrəl]となる。

ソサイアティ
society (so-ci-e-ty) [səsáiəti]「スサィウティ」

日本でも上流社会をハイ・ソサイアティと呼んでいる。ただし、頭はあいまい母音である。またアクセントは -ci- にある。よって「スサィウティ」となる。

ソーラー
solar (so-lar) [sóulər]「ソウルゥ」

「太陽の」という意味であるが、これも日本語として定着した。ソーラー電池、ソーラーカーなどである。会社の名前にも使われている。ただし発音は注意する必要がある。まずアクセントは頭にあり、「オウ」という発音である。また、-lar はあいまい母音である。よって「ソウルゥ」となる。

ダ行

ダイヤモンド
diamond (di-a-mond) [dáiəmənd]「ダィゥムンﾄﾞ」

誰でも欲しい宝石である。ただし、ひし形のことも言い、トランプのダイヤや、野球場の内野がひし形であることから野球場をダイヤモンド（the diamond）と呼ぶこともある。アクセントは頭にあり、残りはあいまい母音である。よって「ダィゥムンﾄﾞ」となる。最後の d は発音しなくともよいくらい弱い。

ターキー
turkey (tur-key) [tə́:rki]「トゥーキィ」

七面鳥のことである。感謝祭やクリスマス（Christmas）に食べる。発音は tur- があいまい母音でしかもアクセントが置かれる。よって「トゥーキィ」となる。ちなみに、日本語ではまったく違う表記となる国名のトルコも同じ単語である。トルコ経由で輸入されたことから、この名前がついた。

タバコ
tabacco (ta-bac-co) [təbǽkou]「トゥバコゥ」

頭はあいまい母音で、アクセントは -bac- にある。よって「トゥバコゥ」となる。

外国人に通じない和製英単語

タブー
taboo (ta-boo) [təbúː]「トゥブー」

禁句のことであるが、タブーはすでに日本語として定着している。ただし、アクセントは後ろにあり、頭があいまい母音であるから「トゥブー」となる。これによく似た tattoo はいれずみのことである。日本語でもタツーと呼ぶ。ただし、発音は「タッ トゥー」で後ろにアクセントがつく。発音記号では[tætúː]となる。

ターミナル
terminal (ter-mi-nal) [tə́rmənl]「トゥームヌル」

末端という意味で、終着駅のことを指す。乗り換えができる総合駅や空港のことを指す。コンピュータ (computer) の端末のことも言う。アクセントが頭にあるが、あいまい母音がたくさん入っており、日本人には苦手の発音である。「トゥームヌル」となる。

ターミネイター
terminator (ter-mi-na-tor) [tə́ːrmnèitər]「トゥームネイトゥ」

アーノルド・シュワルツェネッガー（Arnold Schwarzenegger）扮するロボット（robot）が未来から現代に暗殺にやってくる有名な映画のタイトルである。もとの語は terminate で「終結させる」という意味である。

アクセントが頭にあり、あいまい母音である。よって発音は「トゥームネィトゥ」となる。

タングステン
tungsten (tung-sten) [tʌ́ŋstən]「タングストゥン」

元素（W）の名前で、電球のフィラメント（filament）の材料として有名である。昔は、よくタングステン電球（tungsten lamp）を使ったものである。アクセントは頭にあり、-sten はあいまい母音となる。よって「タングストゥン」となる。ちなみに、この語の tung- の発音は舌の英語である tongue とまったく一緒である。

チタン
titanium (ti-ta-ni-um) [taitéiniəm]「タィティニゥム」

有名な元素（Ti）である。チタニウムとも言う。ただし、英語の発音はまったく異なる。アクセントは-ta-にあり、-um はあいまい母音である。よって「タィティニゥム」となる。

ツナ
tuna (tu-na) [túːnə]「トゥーヌゥ」

まぐろのことである。日本でもツナ缶をよく食べる。アクセントは頭にあり、-na はあいまい母音であるから「トゥーヌゥ」となる。

アメリカに行って、「ツナサンドイッチ」（tuna sandwich）と注文しても理解してもらえない。

ツモロー
tomorrow (to-mor-row) [təmɔ́ːrou]「トゥモーロゥ」

明日の意味。アクセントは-mor-にあり、頭はあいまい母音である。よって「トゥモーロゥ」となる。

テクニシャン
technician (tech-ni-cian) [tekníʃən]「テクニシュン」

技術の専門家である。大学や研究所などで研究者をサポートする専門家のことを呼ぶ。発音は「テクニシュン」となる。このもととなったテクニック（technique）は発音に注意が必要である。アクセントは後ろにあり、「テクニーク」となる。発音記号で書けば[tekníːk]となる。

テレビ
television (tel-e-vi-sion) [téləviʒən]「テルヴィジュン」

日本語でもテレビジョンとも言う。アクセントは頭にあり、あいまい母音も入っている。発音は「テルヴィジュン」となる。

テレフォン
telephone (tel-e-phone) [téləfoun]「テルフォン」

電話である。この語もアクセントは頭にあり、「テルフォン」となる。

ドキュメント
document (doc-u-ment) [dάkjumənt]「ダキュムン(ト)」

記録や証拠、あるいは公式文書のことを言う。アクセントは頭にあり -ment はあいまい母音である。よって「ダキュムン(ト)」と発音する。類語の**ドキュメンタリー**(documentary)は記録映画のことである。発音は「ダキュメントゥリ」とアクセントの位置が -ment- に移る。発音記号では [dὰkjuméntəri] となる。

ドラマチック
dramatic (dra-mat-ic) [drəmǽtik]「ドゥルゥマティック」

日本語では、ドラマ・チックと分ける傾向にあるが、英語では -ma- にアクセントがある。また、最初の dra- はあいまい母音である。よって、dra- で弱く切って、-matic の最初を強く発音する。「ドゥルゥマティック」となる。

ナ行

ナース
nurse (nurse) [nə́ːrs]「ヌース」

看護婦も最近ではナースと呼ぶことが多い。看護婦詰所はナースステーション (nurse station) と呼ばれる。この単語はあいまい母音を強く読む。違和感があろうが「ヌース」という発音が正しい。託児所のナーサリーはnurseryで発音記号は[nə́ːrsəri]であり、「ヌースリ」となる。

ナトリウム
sodium (so-di-um) [sóudiəm]「ソゥディウム」

金属元素 (Na)。ナトリウムはドイツ語 (Natrium) である。英語では sodium である。アクセントは頭にあり、「ソゥディウム」となる。

ナンバー
number (num-ber) [nʌ́mbər]「ナムブゥー」

数や番号のことである。アクセントは頭にあり、-berはあいまい母音となる。よって「ナムブゥー」となる。

ニッケル
nickle (nick-el) [níkəl]「ニクル」

金属元素 (Ni) である。米国では、5セント硬貨 (5 cent coin) がニッケルでできているので、nickel の愛称で呼ばれている。アクセントは頭にあり、-elはあいまい母音である。よって、「ニクル」となる。

ニュースペーパー
newspaper (news-pa-per) [núːzpèipər]「ヌーズペイプァ」

新聞のことであるが、ニュース(news)もペーパー(paper)も日本語となっている。Newsは「ヌーズ」と発音する。頭にアクセントがあり、最後の-perがあいまい母音であるから、通して読むと「ヌーズペイプァ」となる。

ニュートン
Newton (New-ton) [núːtən]「ヌートゥン」

科学界の巨人である。科学雑誌の名前にもなっている。頭にアクセントがあり、-tonはあいまい母音であるから「ヌートゥン」となる。

ネガティブ
negative (neg-a-tive) [négətiv]「ネグティヴ」

「否定的な」という意味であるが、反意語はポジティブ(positive)である。消極的という意味もある。写真のネガ(つまり陰画)も、この単語である。頭にアクセントがあり、-aはあいまい母音である。よって「ネグティヴ」となる。「ガ」と強く発音しない。

ネゴシエーター
negotiator (ne-go-ti-a-tor) [nigòuʃiéitər]
「ニゴウシエイトァ」

映画のタイトルにもなった。交渉人という意味であるが、米国では人質（hostage）をとった犯人と交渉する警官のことを指す。

このもとの語は negotiate は交渉するという意味である。アクセントは -a- にあり、-tor はあいまい母音となる。よって「ニゴゥシエィトゥ」となる。

ネーチャー
nature (na-ture) [néitʃər]「ネィチュゥ」

自然という意味である。もっとも権威ある科学ジャーナルの名前でもある。頭にアクセントがあり、-ture はあいまい母音である。よって、「ネィチュゥ」となる。

ノーマル
normal (nor-mal) [nɔ́ːrməl]「ノームル」

「正常の」あるいは「普通の」という意味である。反意語のアブノーマル (abnormal) も日本語である。アクセントは頭にあり、-mal はあいまい母音である。よって「ノームル」となる。abnormal は、最初の ab- が [æb] となって、「ァェブノームル」となる。

ハ行

パーソナル
personal (per-son-al) [pə́ːrsənəl]「プースヌﾙ」

パソコンはパーソナル・コンピュータ（personal computer）の略である。個人用のコンピュータという意味である。アクセントは頭にあり、あいまい母音である。よって、発音は「プースヌﾙ」となる。このもとになる英語は person で「人」という意味である。発音記号は[pə́ːrsən]であり、「プースン」となる。

バナナ
banana (ba-nan-a) [bənǽnə]「ﾌﾈｧーﾇ」

日本語では平板に発音されるが、英語では真ん中の -nan- にアクセントを置く。また、頭と最後の a は「あいまい母音」であるので「ﾌﾈｧーﾇ」となる。

パピルス
papyrus (pa-py-rus) [pəpáirəs]「ﾌﾟﾊﾞｲﾙｩｽ」

もともとはナイル川に生育する葦のことであるが、これを原料にして得られる古代エジプトの紙が有名である。Paper の語源である。しかし発音は日本語とはまったく違う。頭があいまい母音でアクセントは -py- にある。さらに -rus もあいまい母音である。よって「ﾌﾟﾊﾞｲﾙｩｽ」とな

る。

パラグラフ
paragraph (par-a-graph) [pǽrəgræf]「パルグラァフ」

文章の段落や節のことで、日本語でもパラグラフと言う。アクセントは頭にあり、-a-があいまい母音となる。よって「パルグラァフ」となる。

パラソル
parasol (par-a-sol) [pǽrəsɔːl]「パァルゥソー (ル)」

umbrella が雨傘に対して、parasol は日傘である。ただし、ビーチパラソルは beach umbrella という。アクセントが頭にあり、-a-があいまい母音である。よって「パァルゥソー (ル)」となる。

パラレル
parallel (par-al-lel) [pǽrəlel]「パァルゥレル」

平行という意味である。体操競技で有名な平行棒は the parallel bars と言う。頭にアクセントがあり、-al-はあいまい母音である。よって「パァルゥレル」となる。欲を言えば、-lel の前で舌を歯茎の裏につけてレルと発音すればよい。

バルセロナ

Barcelona (Bar-ce-lo-na) [bὰːsəlóunə]「バースロゥヌゥ」

スペインの有名な都市で、オリンピック (Olympic) も開催された。日本語の発音ではまず通じない。アクセントは-lo-にあり、-ce-と-naはあいまい母音である。頭に第2アクセントを置くのもポイントである。よって「バースロゥヌゥ」となる。

ハンカチ
handkerchief (hand-ker-chief) [hǽŋkərtʃif]「ハァンクティフ」

アクセントは頭にあり、hand-の母音は cat の a と同じ[æ]である。また、-ker-はあいまい母音である。よって「ハァンクティフ」となる。

ビジネスマン
businessman (busi-ness-man) [bíznismən]「ビズニスムン」

もちろん、この言葉のもとは business であるが、この発音ができない。アメリカでは発音にそって biz と書くこともある。CNNのアジア版に Biz Asia がある。辞書に載っていないと意味を聞かれたことがある。発音はアクセントを頭において「ビズニス」となる。Businessmanでは-man があいまい母音となるので、「ビズニスムン」となる。あるテレビ・コマーシャル (TV commercial) のように「ビジネスマーン」と言ったのではまったく通じない。

外国人に通じない和製英単語

ピタゴラス
Pythagoras (Py-thag-o-ras) [pəθǽgərəs]「ᵖサグルス」

ピタゴラスの定理で有名なギリシャの数学者である。-thag-にアクセントがあり、他の母音はすべてあいまい母音である。よって「ᵖサグルス」となる。th音であるから、舌を歯の舌でこするように「サ」と発音する。

ヒューマン
human (hu-man) [hjúːmən]「ヒュームン」

人間という意味である。化粧品のCMでビューティフル・ヒューマン・ライフという名文句があったが、これも和製英語でnativeには意味が分からない。頭にアクセントがあり、-manがあいまい母音であるから、「ヒュームン」となる。

ファイバー
fiber (fi-ber) [fάibər]「ファイブᵣ」

繊維と意味である。商品名にファイバーミニというドリンクがある。発音は「ファイブᵣ」となる。

ファクシミリ
facsimile (fac-sim-i-le) [fæksíməli]「ファクスィムリ」

日本語では平板に発音されるが、英語ではなんと-sim-

の位置にアクセントがある。さらに-i-は「あいまい母音」である。日本語につられて、つよく「ミ」と発音してしまうが、何度も言っているように、これが悪名高き日本式発音の根源である。よって「ﾌｧｸスィムリ」となる。fax[fæks] とも言う。

ファーニチャー
furniture (fur-ni-ture) [fə́:rnitʃər]「フーニチュｩ」

家具のことであり、店の名前にもなっている。アクセントが頭にあり、あいまい母音であり、後ろの-ture もあいまい母音である。よって「フーニチュｩ」となる。

フィラメント
filament (fil-a-ment) [fíləmənt]「フィルムン (ト)」

電球のフィラメントで有名であるが、本来は細い糸のことである。アクセントは頭にあり、残りはすべてあいまい母音である。よって「フィルムン (ト)」となる。

フィルター
filter (fil-ter) [fíltər] 「フィルトｩ」

濾過器のことであるが、フィルターの方がより広く使われる。エアコン、掃除機、乾燥機すべてにフィルターがついている。タバコの吸い口についているのもフィルターである。アクセントは頭にあり、-ter はあいまい母

音である。よって「フィルトゥ」となる。

プライバシー
privacy (pri-va-cy) [práivəsi]「プラィヴスィ」

日本でもプライバシーの侵害ということがよく言われるようになった。私的自由のことである。アクセントは頭の母音にあり、-va-はあいまい母音である。よって「プラィヴスィ」となる。

プライベート
private (pri-vate) [práivət] [プラィヴト]

私的のという意味である。private school と言えば私立学校のことである。私企業を private company と言う。Private detective は私立探偵である。日本語では-vate のスペルにつられて「ベート」と発音してしまうが、あいまい母音である。よって[プラィヴト]となる。

プラズマ
plasma (pla-sma) [plǽzmə] 「プラズム」

普通の物質は、固体、液体、気体の3態をとるが、さらに高温になると、分子が電離して正と負のイオンに分離する。この状態をプラズマと呼び、物質の第4の状態と呼ばれる。一般には正負のイオンに電離した状態をプラズマと呼んでいる。発音は「プラズム」となる。"l" の

音であるので舌を歯茎の裏につけてラと発音する。

フラワー
flower (flow-er) [fláuər] 「フラウゥ」

これもすでに日本語として定着している。ただし、英語の発音には注意する。日本式発音はなかなか通じにくい。アクセントは最初の母音にあり「アウ」と発音する。後ろの-erはあいまい母音である。よって「フラウゥ」となり、最後にウを弱く2回続けて発音するぐらいの気持ちで発音する。小麦粉（メリケン粉）の flour とまったく同じ発音である。

プレゼント
present (pres-ent) [prézənt] 「プレズント」

誕生日の贈り物は a birthday present となる。ギフト（gift）も贈り物である。発音は「プレズント」となる。

ベクトル
vector (vec-tor) [véktər] 「ヴェクトゥ」

ベクトルと聞いただけで数学の嫌な思い出がよみがえってくるひとも多かろう。ただし、発音は「ヴェクトゥ」である。生物では病原菌を運ぶ媒体の意味で使われるが、そちらの日本語はベクターとなる。

外国人に通じない和製英単語

ベルギー
Belgium (Bel-gium) [béldʒəm] 「ベルジュム」

この国名も日本人がうまく発音できない。アクセントは頭にあり、-gium にあいまい母音がある。よって「ベルジュム」となる。

ポジション
position (po-si-tion) [pəzíʃən] 「プジシュン」

位置という意味であるが、身分や地位という意味にもなる。アクセントは -si- にあるが、po- があいまい母音であることに注意する。発音は「プジシュン」となる。

ポジティブ
positive (pos-i-tive) [pázətiv] 「パズティヴ」

前出のネガティブの反意語。日本語では積極的という意味で使われることが多い。アクセントは頭にあり、つぎがあいまい母音である、「パズティヴ」となる。

ポテト
potato (po-ta-to) [pətéitou] 「プテイトゥ」

じゃがいもであるが、日本ではポテトチップス (potato chips) が有名。アクセントは -ta- にあり「テイ」と発音する。また、po- はあいまい母音である。よって「プテイトゥ」

となる。日本語のポテトの発音とはまったく違う。

ポテンシャル
potential (po-ten-tial) [pəténʃəl]「プテンシュル」

秘めたる可能性や潜在能力のことを指す。科学では電位や位置エネルギーのことである。そのままポテンシャルと呼ぶが、英語の発音は違う。アクセントは-ten-にあり、頭はあいまい母音である。よって「プテンシュル」となる。

ポピュラー
popular (pop-u-lar) [pápjulər]「パピュルゥ」

日本語では「人気のある」という意味で使われるが、英語では「大衆の」という意味でも使われる。例えばpopular science という雑誌があるが、これは「人気のある科学」という意味ではなく「大衆のための科学」という意味である。また、a popular magazine は通俗雑誌となる。アクセントは頭にあり、-lar があいまい母音である。よって「パピュルゥ」となる。

ボランティア
volunteer (vol-un-teer) [vὰləntíər]「ヴァルンティーゥ」

学校の単位にもボランティア活動を取り入れようとする動きがある。志願者あるいは有志の意味である。アク

セントは-teer にあり、-un-はあいまい母音である。よって発音は「ヴァルンティーゥ」となる。

ホリデー
holiday (hol-i-day) [hálədèi]「ハルッディ」

休日である。日本にもホリデーインというホテルチェーンが進出している。ただし、ホリデーでは通じない。アクセントは頭にあり、-i-があいまい母音である。よって「ハルッディ」となる。

マ行

マガジン
magazine (mag-a-zine) [mǽgəzìːn]「マァグジーン」

雑誌のことである。アクセントは頭にあり、母音は cat の a と同じ音である。つぎの-a-はあいまい母音であり、最後の-zineは「ジーン」と伸ばす。よって「マァグジーン」となる。後ろにアクセントを置く場合もある。

マーガリン
margarine (mar-ga-rine) [máːrdʒərin]「マージュリン」

人造バターより、マーガリンで通じる。ただし、「ガ」ではなく、あいまい母音であるので発音は「マージュリン」

となる。

マサチューセッツ
Massachusetts (Mas-sa-chu-setts) [mǽsətʃúːsəts]
「マァスチュースッ」

有名な米国の州。MITとして知られるマサチューセッツ工科大学は Massachusetts Institute of Technology の略である。あいまい母音があることに注意すると、「マァスチュースッ」となる。

マテリアル
material (ma-te-ri-al) [mətíəriəl]「ムティゥリゥ(ル)」

材料の意味で、会社の名前にもなっている。Materials で道具という意味もある。ただし、日本式にマテリアルと発音したのでは通じない。あいまい母音が数多く入っているのに注意すると「ムティゥリゥ(ル)」となる。

ミディアム
medium (med-i-um) [míːdiəm]「ミーディゥム」

中ぐらいのという意味であり、medium size は M サイズのことである。米国でステーキ (steak) を注文するが、その時 rare, medium, well-done から選ぶので有名。発音は「ミーディゥム」となる。情報伝達の媒介という意味もあり、複数形の media [míːdiə]を使って mass media （マスメデ

ィア)、つまり大衆報道機関のことを言う。ただし発音は「ミーディゥ」である。

ミュージカル
musical (mu-si-cal) [mjúːzəkəl]「ミューズクル」

Sound of Music は不朽のミュージカルである。ただし発音に注意する。「ミューズクル」となる。

ミリメートル
millimeter (mil-li-me-ter) [míləmìːtər]「ミルミートゥ」

mm と書く単位である。アクセントを頭につけ、-li- があいまい母音であることに注意する。よって「ミルミートゥ」となる。

メ(イ)ンテナンス
maintenance (main-te-nance) [méintənəns]
「メイントゥヌゥンス」

保守という意味である。日本語でも「装置のメンテナンス」などと言う。アクセントは頭にあり、あいまい母音がふたつ続く。よって発音は「メイントゥヌゥンス」となる。

メモランダム
memorandum (mem-o-ran-dum) [mèmərændəm]
「メム(ゥ)ラァンドゥム」

この語を略したメモ (memo) も会話ではよく使われる。発音は「メム₍ゥ₎ラァンドゥム」となる。

メモリー
memory (mem-o-ry) [méməri]「メムゥリ」

記憶という意味であるが、今ではコンピュータの記憶装置というイメージが強い。発音は「メムゥリ」となる。

モーター
motor (mo-tor) [móutər]「モゥトゥ」

電動機というよりは、モーターの方が一般的日本語となっている。発音は「モゥトゥ」となる。「モゥラゥ」と発音してもよい。

モニター
monitor (mon-i-tor) [mánətər]「マヌトゥ」

忠告者あるいは監視者という意味である。モニターテレビは、犯罪防止のための監視テレビのことである。消費者モニターも有名。アクセントは頭にあり、あいまい母音がふたつ続く。よって「マヌトゥ」となる。

モーメント
moment (mo-ment) [móumənt]「モゥムンₜ」

外国人に通じない和製英単語

瞬間という意味もあるが、物理ではモーメントとそのまま使う。発音は「モゥムン㆑」となる。

ヤ行

ユーザー
user (us-er) [júːzər]「ユーズゥ」

使用者のこと。発音は「ユーズゥ」となる。

ユートピア
Utopia (U-to-pi-a) [juːtóupiə]「ユートゥピゥ」

理想郷のこと。英国の Thomas More の小説に由来する。アクセントは-to-の位置にあり、「ユートゥピゥ」となる。

ヨーロッパ
Europe (Eu-rope) [júrəp]「ユゥルゥプ」

これもはじめて英語を聞くと、違った地名に聞こえる。逆の視点に立てば、日本式発音が通じないということになる。発音は「ユゥルゥプ」となる。

ラ行

ライセンス
license (li-cense) [láisəns]「ラィスンㇲ」

免許のことであり、自動車免許は a driver's license となる。日本語でもドライバーズライセンスと言う。発音は「ラィスンㇲ」となる。

ランナー
runner (run-ner) [rʌ́nər]「₍ゥ₎ラヌㇻ」

走者である。発音は「₍ゥ₎ラヌㇻ」となる。r 音であるので、「ウ」と言うつもりでラの発音をする。

リタイヤ
retire (re-tire) [ritáiə]「リタィゥ」

「退職する」という意味である。退職は retirement [ritáiəmənt]である。発音は「リタィゥ」となる。退職の方は「リタィゥムㇴト」となる。

リターン
return (re-turn) [ritə́:rn]「₍ゥ₎リトゥーン」

帰るという意味である。ボクシングのリターンマッチ（a return match）つまり雪辱戦は有名。投資に対する利

益もリターンと言う。ただし、ハイリスク・ハイリターン（high risk high return）というのは和製英語である。英語ではreturnではなく、yieldを使う（high risk high yield）。発音は「₍ゥ₎リトゥーン」。r音であるので、「ウ」と言うつもりで「リ」の発音をする。

ルネッサンス
renaissance　(re-nais-sance)　[rènəsáːns]「₍ゥ₎レヌッサーンス」

文芸復興のことであるが、ルネッサンスでそのまま通る。英語の発音はかなり異なる。アクセントは後ろにあり、「₍ゥ₎レヌッサーンス」となる。

レーザー
laser　(la-ser)　[léizər]「レィズゥ」

レーザー光線と言えば誰もが知っている。波長のそろった光で、遠くまで届く。今ではレーザーポインター（a laser pointer）と呼ばれる電子の指し棒が有名である。実は、light amplification by stimulated emission of radiation の頭文字である。発音は「レィズゥ」となる。

レストラン
restaurant　(res-tau-rant)　[réstərənt]「レストゥルン（ト）」

発音は頭にアクセントがあり、「レストゥルン（ト）」。日本語でレストラントと「ト」をつけないのは賢明である。

レモン
lemon (le-mon) [lémən] 「レムン」

頭にアクセントがあり、-mon はあいまい母音である。発音は「レムン」となる。さらに最初の音が l であるので、舌を歯茎につけて「レ」という音を出す。

ローカル
local (lo-cal) [lóukəl] 「ロゥクル」

「地方の」という意味である。テレビで全国放送でないものを、ローカル番組と呼ぶ。頭にアクセントがあり、-cal はあいまい母音である。よって、発音は「ロゥクル」となる。頭が l であるので、舌を上顎の歯茎の裏につけて「ロゥ」と発音する。

ロンドン
London (Lon-don) [lʌ́ndən] 「ランドゥン」

英国の首都である。アクセントが頭にあり、-don はあいまい母音である。よって、発音は「ランドゥン」となる。

ワ行

ワーク

外国人に通じない和製英単語

work (work) [wə́:k]「ウーク」

あいまい母音である。wと一緒にあいまい母音を発音するのは結構難しい。よって「ウーク」と発音するのがより原語に近いが、できればワとウの中間音を目指す。word も同じで、発音記号では[wə:d]となり、「ウード」となる。

ワースト
worst (worst) [wə́:rst]「ウースト」

これもよく使われる日本語であるが、wとあいまい母音である。よって「ウースト」となる。

ワープ
warp (warp) [wɔ:rp]「ｳオープ」

SF（science fiction）小説で、空間のひずみを利用して普通では移動できない距離を移動することをワープと呼んでいる。もともとは「ゆがみ」や「ひずみ」という意味である。日本語ではスペルにつられてワープと発音するが、英語では「ｳオープ」となる。

ワープロ（ワード・プロセッサー）
word processor (word proc-ess-or)
　　[wə́:rd prásesər] 「ウード　プラセスｩ」

157

日本人は英語が長い時には、このように略してしまうのが得意であるが、ワープロでは全く意味が通じない。本来はワード・プロセッサーであるが、これも問題がある。発音は「ウード　プラセスゥ」となる。

ワールド
world　(world)　[wə́ːrld]「ウールド」

前項とまったく同様に、「ウールド」となる。

著 者：村上 雅人 [むらかみ まさと]

　1955年2月岩手県盛岡市生まれ．17歳の時，AFS (American Field Service) の交換留学生としてカリフォルニア州に渡米．その後，世界各国を数多く訪問する．1972年カリフォルニア州数学コンテスト (Math contest) 準グランプリ．1984年東京大学工学系大学院博士課程修了．工学博士．1992年 World Congress Superconductivity Award of Excellence 受賞．1998年 American Biographical Institute Leader in Science 受賞．1999年英国物理学会 (Institute of Physics) の Fellow となる．Marquis Who's Who in the World に1998年より業績が紹介されている．現在，Superconductor Science and Technology と Ceramics International の編集委員 (Editorial Board member)，International PASREG Board の委員長 (chairman)．著書は World Scientific より *"Melt Processed High Temperature Superconductors"* を出版し，何冊かの Proceedings を編集している．現在，国際超電導産業技術研究センター超電導工学研究所第1および第3研究部部長．東京商船大学客員教授．

たった2つ直せば——
日本人英語で大丈夫

2002年6月20日　第1刷発行

発行所　㈱海鳴社　　http://www.kaimeisha.com/

〒101-0065　東京都千代田区西神田2－4－5
電話　（03）3234-3643（Fax共通）　3262-1967（営業）
Eメール：kaimei@d8.dion.ne.jp　振替口座　東京 00190-31709
組版：海鳴社　印刷・製本：㈱シナノ

出版社コード：1097　　　　　　　　© 2002 in Japan by Kaimei Sha
ISBN 4-87525-208-0　　　　　　　　落丁・乱丁本はお取替えいたします

━━━━━━━━ 海鳴社 ━━━━━━━━

笑ってわかるデリバティブ　金融工学解剖所見
保江邦夫／画・北村好朗／デリバティブのつくり方を伝授。数学など持ち出さなくても、金融工学の要諦を身近な例でもって分かりやすく面白く解説する。　46判216頁、本体1200円

有機畑の生態系　家庭菜園をはじめよう
三井和子／有機の野菜はなぜおいしいのか。有機畑は雑草が多いがその役割は？　数々の疑問を胸に大学に入りなおして解き明かしていく「畑の科学」。　46判214頁、本体1400円

うそつきのパラドックス　論理的に考えることへの挑戦
山岡悦郎／論理的に正しく考えていくと、矛盾に導かれる——このうそつきのパラドックスに取り組んだ天才達の足跡をみんなで考え楽しむための入門書。46判248頁、本体1800円

ぼくらの環境戦争　インターネットで調べる化学物質
よしだまさはる／身のまわりの化学物質が中学生からわかるように、体系的に対話形式で述べたもの。公害・シックハウス症候群・ダイオキシンなど。　46判174頁、本体1400円

越境する巨人　ベルタランフィ　一般システム論入門
M.デーヴィドソン、鞠谷英雄・酒井孝正訳／現代思想の記念碑的存在であるベルタランフィの思想と生涯。理系・文系を問わず、未来を開拓するための羅針盤。
46判350頁、本体3400円

なるほど虚数　理工系数学入門
村上雅人／物理学・工学の基本と虚数の関係を簡潔に解説する中で、微分方程式、量子力学、フーリエ級数などがわかりやすく説かれる。「使える」数学。　A5判180頁、本体1800円